天災と国防

寺田寅彦

講談社学術文庫

目次

天災と国防

天災と国防

「非常時」というなんとなく不気味なしかしはっきりした意味のわかりにくい言葉がはやりだしたのはいつごろからであったか思い出せないが、ただ近来何かしら日本全国土の安寧を脅かす黒雲のようなものが遠い水平線の向こう側からこっそりのぞいているらしいという、言わば取り止めのない悪夢のような不安の陰影が国民全体の意識の底層に揺曳《ようえい》していることは事実である。そうして、その不安の渦巻《うずまき》の回転する中心点はと言えばやはり近き将来に期待される国際的折衝の難関であることはもちろんである。

そういう不安をさらにあおり立てでもするように、ことしになってからいろいろの天変地異が踵《くびす》を次いでわが国土を襲い、そうしておびただしい人命と財産を奪ったように見える。あの恐ろしい函館《はこだて》の大火〔一九三四〕や近くは北陸地方の水害の記憶がまだなまなましいうちに、さらに九月二十一日の近畿《きんき》地方大風水害〔同年の室戸台風による」が突発して、その損害は容易に評価のできないほど甚大《じんだい》なものであるように見える。国際的のいわゆる「非常時」は、少なくも現在においては、無形な実証のないものであるが、これらの天変地異の「非常時」は最も具象的な眼前の事実としてその惨状を暴露しているのである。

一家のうちでも、どうかすると、直接の因果関係の考えられないようないろいろな不幸が頻発《ひんぱつ》することがある。すると人はきっと何かしら神秘的な因果応報の作用を想像して祈禱《きとう》や厄払《やくばら》いの他力にすがろうとする。国土に災禍の続起する場合にも同様である。しかし統計に関する数理から考えてみると、一家なり一国なりにある年は災禍が重畳《ちょうじょう》しまた他の年には全く無事な回り合わせが来るということは、純粋な偶然の結果としても当然期待されうる「自然変異《ナチュラルフラクチユエーション》」の現象であって、別に必ずしも怪力乱神を語るには当たらないであろうと思われる。

悪い年回りはむしろいつかは回って来るのが自然の鉄則であると覚悟を定めて、良い年回りの間に充分の用意をしておかなければならないということは、実に明白すぎるほど明白なことであるが、またこれほど万人がきれいに忘れがちなこともまれである。もっともこれを忘れているおかげで今日を楽しむことができるのだという人があるかもしれないのであるが、それは個人めいめいの哲学に任せるとして、少なくも一国の為政の枢機に参与する人々だけは、この健忘症に対する診療を常々怠らないようにしてもらいたいと思う次第である。

日本はその地理的の位置がきわめて特殊であるために国際的にも特殊な関係が生じいろいろな仮想敵国に対する特殊な防備の必要を生じると同様に、気象学的地球物理学的にもまたきわめて特殊な環境の支配を受けているために、その結果として特殊な天変地異に絶えず脅かされなければならない運命のもとに置かれていることを一日も忘れてはならないはずである。

地震津波台風のごとき西欧文明諸国の多くの国々にも全然無いとは言われないまでも、頻繁《ひんぱん》にわが国のように劇甚《げきじん》な災禍を及ぼすことははなはだまれであると言ってもよい。わが国のようにこういう災禍の頻繁であるということは一面から見ればわが国の国民性の上に良い影響を及ぼしていることも否定し難いことであって、数千年来の災禍の試練によって日本国民特有のいろいろな国民性のすぐれた諸相が作り上げられたことも事実である。

＊

しかしここで一つ考えなければならないことで、しかもいつも忘れられがちな重大な要項がある。それは、文明が進めば進むほど天然の暴威による災害がその劇烈の度を増すという事実である。

人類がまだ草昧《そうまい》の時代を脱しなかったころ、がんじょうな岩山の洞窟《どうくつ》の中に住まっていたとすれば、たいていの地震や暴風でも平気であったろうし、これらの天変によって破壊さるべきなんらの造営物をも持ち合わせなかったのである。もう少し文化が進んで小屋を作るようになっても、テントか掘っ立て小屋のようなものであって見れば、地震にはかえって絶対安全であり、またたとえ風に飛ばされてしまっても復旧ははなはだ容易である。とにかくこういう時代には、人間は極端に自然に従順であって、自然に逆らうような大それた企ては何もしなかったからよかったのである。

文明が進むに従って人間は次第に自然を征服しようとする野心を生じた。そうして、重力に逆らい、風圧水力に抗するようないろいろの造営物を作った。そうしてあっぱれ自然の暴威を封じ込めたつもりになっていると、どうかした拍子に檻《おり》を破った猛獣の大群のように、自然があばれ出して高楼《こうろう》を倒壊せしめ堤防を崩壊《ほうかい》させて人命を危うくし財産を滅ぼす。その災禍を起こさせたもとの起こりは天然に反抗する人間の細工であると言っても不当ではないはずである、災害の運動エネルギーとなるべき位置エネルギーを蓄積させ、いやが上にも災害を大きくするように努力しているものはたれあろう文明人そのものなのである。

もう一つ文明の進歩のために生じた対自然関係の著しい変化がある。それは人間の団体、なかんずくいわゆる国家あるいは国民と称するものの有機的結合が進化し、その内部機構の分化が著しく進展して来たために、その有機系のある一部の損害が系全体に対してははなはだしく有害な影響を及ぼす可能性が多くなり、時には一小部分の傷害が全系統に致命的となりうる恐れがあるようになったということである。

単細胞動物のようなものでは個体を切断しても、各片が平気で生命を持続することができるし、もう少し高等なものでも、肢節《しせつ》を切断すれば、その痕跡《こんせき》から代わりが芽を吹くという事もある。しかし高等動物になると、そういう融通がきかなくなって、針一本でも打ち所次第では生命を失うようになる。

先住アイヌが日本の大部に住んでいたころにたとえば大正十二〔一九二三〕年の関東大震か、今度の九月二十一日のような台風〔室戸台風〕が襲来したと想像してみる。彼らの宗教的畏怖《いふ》の念はわれわれの想像以上に強烈であったであろうが、彼らの受けた物質的損害は些細《ささい》なものであったに相違ない。前にも述べたように彼らの小屋にとっては弱震も烈震も効果においてたいした相違はないであろうし、毎秒二十メートルの風も毎秒六十メートルの風もやはり結果においてほぼ同等であったろうと想像される。そうして、野生の鳥獣が地震や風雨に堪えるようにこれら未開の民もまた年々歳々の天変を案外楽にしのいで種族を維持して来たに相違ない。そうして食物も衣服も住居もめいめいが自身の労力によって獲得するのであるから、天災による損害は結局各個人めいめいの損害であって、その回復もまためいめいの仕事であり、またおめいめいの力で回復し得られないような損害は始めからありようがないはずである。

＊

文化が進むに従って個人が社会を作り、職業の分化が起こって来ると事情は未開時代と全然変わって来る。天災による個人の損害はもはやその個人だけの迷惑では済まなくなって来る。村の貯水池や共同水車小屋が破壊されれば多数の村民は同時にその損害の余響を受けるであろう。

二十世紀の現代では日本全体が一つの高等な有機体である。各種の動力を運ぶ電線やパイプやが縦横に交差し、いろいろな交通網がすきまもなく張り渡されているありさまは高等動物の神経や血管と同様である。その神経や血管の一か所に故障が起こればその影響はたちまち全体に波及するであろう。今度の暴風で畿内《きない》地方の電信が不通になったために、どれだけの不都合が全国に波及したかを考えてみればこの事は了解されるであろう。

これほどだいじな神経や血管であるから天然の設計に成る動物体内ではこれらの器官が実に巧妙な仕掛けで注意深く保護されているのであるが、一国の神経であり血管である送電線は野天に吹きさらしで風や雪がちょっとばかりつよく触れればすぐに切断するのである。市民の栄養を供給する水道はちょっとした地震で断絶するのである。もっとも、送電線にしても工学者の計算によって相当な風圧を考慮し若干の安全係数をかけて設計してあるはずであるが、変化のはげしい風圧を静力学的に考え、しかもロビンソン風速計で測った平均風速だけを目安にして勘定したりするようなアカデミックな方法によって作ったものでは、弛張《しちょう》のはげしい風の息の偽週期的衝撃に堪えないのはむしろ当然のことであろう。

それで、文明が進むほど天災による損害の程度も累進する傾向があるという事実を充分に自覚して、そして平生からそれに対する防御策を講じなければならないはずであるのに、それがいっこうにできていないのはどういうわけであるか。そのおもなる原因は、畢竟《ひっきょう》そういう天災がきわめてまれにしか起こらないで、ちょうど人間が前車の顚覆《てんぷく》を忘れたころにそろそろ後車を引き出すようになるからであろう。

＊

しかし昔の人間は過去の経験を大切に保存し蓄積してその教えにたよることがはなはだ忠実であった。過去の地震や風害に堪えたような場所にのみ集落を保存し、時の試練に堪えたような建築様式のみを墨守《ぼくしゅ》して来た。それだからそうした経験に従って造られたものは関東震災でも多くは助かっているのである。大震後横浜《よこはま》から鎌倉《かまくら》へかけて被害の状況を見学に行ったとき、かの地方の丘陵のふもとを縫う古い村家が存外平気で残っているのに、田んぼの中に発展した新開地の新式家屋がひどくめちゃめちゃに破壊されているのを見た時につくづくそういう事を考えさせられたのであったが、今度の関西の風害でも、古い神社仏閣などは存外あまりいたまないのに、時の試練を経ない新様式の学校や工場が無残に倒壊してしまったという話を聞いていっそうその感を深くしている次第である。やはり文明の力を買いかぶって自然を侮り過ぎた結果からそういうことになったのではないかと想像される。

新聞の報ずるところによると幸いに当局でもこの点に注意してこの際各種建築被害の比較的研究を徹底的に遂行することになったらしいから、今回の苦《にが》い経験がむだになるような事は万に一つもあるまいと思うが、しかしこれは決して当局者だけに任すべき問題ではなく国民全体が日常めいめいに深く留意すべきことであろうと思われる。

小学校の倒壊のおびただしいのは実に不可思議である。ある友人は国辱中の大国辱だと言って憤慨している。ちょっと勘定してみると普通家屋の全壊百三十五に対し学校の全壊一の割合である。実に驚くべき比例である。これにはいろいろの理由があるであろうが、要するに時の試練を経ない造営物が今度の試練でみごとに落第したと見ることはできるであろう。

小学校建築には政党政治の宿弊に根を引いた不正な施工がつきまとっているというゴシップもあって、小学生を殺したものは○○議員だと皮肉をいうものさえある。あるいは吹き抜き廊下のせいだというはなはだ手取り早で少し疑わしい学説もある。あるいはまた大概の学校は周囲が広い明き地に囲まれているために風当たりが強く、その上に二階建てであるためにいっそういけないという解釈もある。いずれもほんとうかもしれない。

しかしいずれにしても、今度のような烈風の可能性を知らなかったあるいは忘れていたことがすべての災厄《さいやく》の根本原因である事には疑いない。そうしてまた、工事に関係する技術者がわが国特有の気象に関する深い知識を欠き、通り一ぺんの西洋直伝《じきでん》の風圧計算のみをたよりにしたためもあるのではないかと想像される。これについてははなはだ僭越《せんえつ》ながらこの際一般工学者の謙虚な反省を促したいと思う次第である。天然を相手にする工事では西洋の工学のみにたよることはできないのではないかというのが自分の年来の疑いであるからである。

＊

今度の大阪《おおさか》や高知《こうち》県東部の災害は台風による高潮のためにその惨禍を倍加したようである。まだ充分な調査資料を手にしないから確実なことは言われないが、最もひどい損害を受けたおもな区域はおそらくやはり明治以後になってから急激に発展した新市街地ではないかと想像される。

災害史によると、難波《なにわ》や土佐《とさ》の沿岸は古来しばしば暴風時の高潮のためになぎ倒された経験をもっている。それで明治以前にはそういう危険のあるような場所には自然に人間の集落が希薄になっていたのではないかと想像される。古い民家の集落の分布は一見偶然のようであっても、多くの場合にそうした進化論的の意義があるからである。そのだいじな深い意義が、浅薄な「教科書学問」の横行のために蹂躙《じゅうりん》され忘却されてしまった。そうして付け焼き刃の文明に陶酔した人間はもうすっかり天然の支配に成功したとのみ思い上がって所きらわず薄弱な家を立て連ね、そうして枕《まくら》を高くしてきたるべき審判の日をうかうかと待っていたのではないかという疑いも起こし得られる。

もっともこれは単なる想像であるが、しかし自分が最近に中央線の鉄道を通過した機会に信州《しんしゅう》や甲州《こうしゅう》の沿線における暴風被害を瞥見《べっけん》した結果気のついた一事は、停車場付近の新開町の被害が相当多い場所でも古い昔から土着と思わるる村落の被害が意外に少ないという例の多かった事である。これは、一つには建築様式の相違にもよるであろうが、また一つにはいわゆる地の利によるであろう。旧村落は「自然淘汰《しぜんとうた》」という時の試練に堪えた場所に「適者」として「生存」しているのに反して、停車場というものの位置は気象的条件などということは全然無視して官僚的政治的経済的な立場からのみ割り出して決定されているためではないかと思われるからである。

それはとにかく、今度の風害が「いわゆる非常時」の最後の危機の出現と時を同じゅうしなかったのは何よりのしあわせであったと思う。これが戦禍と重なり合って起こったとしたらその結果はどうなったであろうか、想像するだけでも恐ろしいことである。弘安《こうあん》〔一二八一年の元寇のこと〕の昔と昭和の今日とでは世の中が一変していることを忘れてはならないのである。

*

戦争はぜひとも避けようと思えば人間の力で避けられなくはないであろうが、天災ばかりは科学の力でもその襲来を中止させるわけには行かない。その上に、いついかなる程度の地震暴風津波洪水《こうずい》が来るか今のところ容易に予知することができない。最《さい》後通牒《ごつうちょう》も何もなしに突然襲来するのである。それだから国家を脅かす敵としてこれほど恐ろしい敵はないはずである。

もっともこうした天然の敵のためにこうむる損害は敵国の侵略によって起こるべき被害に比べて小さいという人があるかもしれないが、それは必ずしもそうは言われない。

たとえば安政元〔一八五四〕年の大震のような大規模のものが襲来すれば、東京かから福岡《ふくおか》に至るまでのあらゆる大小都市の重要な文化設備が一時に脅かされ、西半日本の神経系統と循環系統に相当ひどい故障が起こって有機体としての一国の生活機能に著しい麻痺《まひ》症状《しょうじょう》を惹起《じゃっき》する恐れがある。万一にも大都市の水道貯水池の堤防でも決壊すれば市民がたちまち日々の飲用水に困るばかりでなく、氾濫《はんらん》する大量の流水の勢力は少なくも数村を微塵《みじん》になぎ倒し、多数の犠牲者を出すであろう。水電の堰堤《えんてい》が破れても同様な犠牲を生じるばかりか、都市は暗やみになり肝心な動力網の源が一度に涸《か》れてしまうことになる。

こういうこの世の地獄の出現は、歴史の教うるところから判断して決して単なる杞憂《きゆう》ではない。しかも安政年間には電信も鉄道も電力網も水道もなかったから幸いであったが、次に起こる「安政地震」には事情が全然ちがうということを忘れてはならない。

＊

国家の安全を脅かす敵国に対する国防策は現に政府当局の間で熱心に研究されているであろうが、ほとんど同じように一国の運命に影響する可能性の豊富な大天災に対する国防策は政府のどこでだれが研究しいかなる施設を準備しているかはなはだ心もとなりありさまである。

思うに日本のような特殊な天然の敵を四面に控えた国では、陸軍海軍のほかにもう一つ科学的国防の常備軍を設け、日常の研究と訓練によって非常時に備えるのが当然ではないかと思われる。陸海軍の防備がいかに充分であっても肝心な戦争の最中に安政程度の大地震や今回の台風あるいはそれ以上のものが軍事に関する首脳の設備に大損害を与えたらいったいどういうことになるであろうか。そういうことはそうめったにないと言って安心していてもよいものであろうか。

わが国の地震学者や気象学者は従来かかる国難を予想してしばしば当局と国民とに警告を与えたはずであるが、当局は目前の政務に追われ、国民はその日の生活にせわしくて、そうした忠言に耳をかす暇《いとま》がなかったように見える。誠に遺憾なことである。

台風の襲来を未然に予知し、その進路とその勢力の消長とを今よりもより確実に予測するためには、どうしても太平洋上ならびに日本海上に若干の観測地点を必要とし、その上にまた大陸方面からオホック海方面までも観測網を広げる必要があるように思われる。しかるに現在では細長い日本島弧《にほんとうこ》の上に、言わばただ一連の念珠のように観測所の列が分布しているだけである。たとえて言わば奥州街道《おうしゅうかいどう》から来るか東海道から来るか信越線から来るかもしれない敵の襲来に備えるために、ただ中央線の沿線だけに哨兵《しょうへい》を置いてあるようなものである。

新聞記事によると、アメリカでは太平洋上に浮き飛行場を設けて横断飛行の足がかりにする計画があるということである。うそかもしれないがしかしアメリカ人にとっては充分可能なことである。もしこれが可能とすれば、洋上に浮き観測所の設置ということもあながち学究の描き出した空中楼閣だとばかりは言われないであろう。五十年百年の後にはおそらく常識的になるべき種類のことではないかと想像される。

*

人類が進歩するに従って愛国心も大和魂《やまとだましい》もやはり進化すべきではないかと思う。砲煙弾雨の中に身命を賭《と》して敵の陣営に突撃するのもたしかに貴《たっと》い日本魂《やまとだましい》であるが、○国や△国よりも強い天然の強敵に対して平生から国民一致協力して適当な科学的対策を講ずるのもまた現代にふさわしい大和魂の進化の一相として期待してしかるべきことではないかと思われる。天災の起こった時に始めて大急ぎでそうした愛国心を発揮するのも結構であるが、昆虫《こんちゅう》や鳥獣でない二十世紀の科学的文明国民の愛国心の発露にはもう少しちがった、もう少し合理的な様式があってしかるべきではないかと思う次第である。（昭和九〔一九三四〕年十一月）

火事教育

旧臘《きゆうろう》押し詰まっての白木屋《しろきや》の火事〔一九三二〕は日本の火災史にちょっと類例のない新記録を残した。犠牲は大きかったがこの災厄《さいやく》が東京市民に与えた教訓もまたはなはだ貴重なものである。しかしせっかくの教訓も肝心な市民の耳に入らず、また心にしみなければあれだけの犠牲は全くなんの役にも立たずに煙になってしまったことになるであろう。今度の火災については消防方面の当局者はもちろん、建築家、百貨店経営者等直接利害を感ずる人々の側ではすぐに徹底的の調査研究に着手して取りあえず災害予防方法を講究しておられるようであるが、何よりもいちばんだいじと思われる市民の火災訓練のほうがいかなる方法によってどれだけの程度にできるであろうかという問題についてはほとんどだれにも見当さえつかないように見える。

白木屋の火事の場合における消防当局の措置は、あの場合としては、事情の許す範囲内で最善を尽くされたもののように見える。それが事件の直前にちょうどこの百貨店で火災時の消防予行演習が行なわれていたためもあっていっそうの効力を発揮したようであるが、あの際もしもあの建物の中で遭難した人らにもう少し火災に関する一般的科学知識が普及しており、そうして避難方法に関する平素の訓練がもう少し行き届いていたならば少なくも死傷者の数を実際あったよりも著しく減ずることができたであろうという事はだれしも異論のないことであろうと思われる。

そうしてまた実に驚くべく非科学的なる市民、逆上したる街頭の市民傍観者のある者が、物理学も生理学もいっさい無視した五階飛び降りを激励するようなことがなかったら、あたら美しい青春の花のつぼみを舗道の石畳に散らすような惨事もなくて済んだであろう。

このようにして、白昼帝都のまん中で衆人環視の中に行なわれた殺人事件は不思議にも司直の追求を受けずまた市人の何人《なんぴと》もこれをとがむることなしにそのままに忘却の闇《やみ》に葬られてしまった。実に不可解な現象と言わなければなるまい。

それはとにかく、実に幸いなことには事件の発生時刻が朝の開場間ぎわであったために、入場顧客が少なかったからこそ、まだあれだけの災害ですんだのであるが、あれがもしや昼食時前後の混雑の場合でもあったとしたら、おそらく死傷の数は十数倍では足りず、事によると数千の犠牲者を出したであろうと想像させるだけの根拠はある。考えてもぞっとする話である。

しかしそういう場合であっても、もしも入場していた市民がそのような危急の場合に対する充分な知識と訓練を持ち合わせていて、そうしてかねてから訓練を積んだ責任ある指揮者の指揮に従って合理的統整的行動を取ることができれば、たとえ二万人三万人の群集があっても立派に無事に避難することが可能であるということは簡単な数理からでも割り出されることであると思う。

火の伝播《でんぱ》がいかに迅速であるとしても、発火と同時に全館に警鈴が鳴り渡りかねてから手ぐすね引いている火災係が各自の部署につき、良好な有力な拡声機によって安全なる避難路が指示され、群集は落ち着き払ってその号令に耳をすまして静かに行動を起こし、そうして階段通路をその幅員尺度に応じて二列三列あるいは五列等の隊伍《たいご》を乱すことなく、また一定度以上の歩調を越すことなく、軍隊的に進行すればみごとに引き上げられるはずである。そのはずでなければならないのである。

＊

しかしこのできるはずのことがなかなか容易にできないのは多くの場合に群集が

周章狼狽《しゅうしょうろうばい》するためであって、その周章狼狽は畢竟《ひっきょう》火災の伝播に関する科学的知識の欠乏から来るのであろう。火がおよそいかなる速度でいかなる方向に燃え広がる傾向があるか、煙がどういうぐあいに這《は》って行くものか、火災がどのくらいの距離に迫れば危険であるか、木造とコンクリートとで燃え方がどうちがうか、そういう事に関する漠然《ばくぜん》たる概念でもよいから、一度確実に腹の底に落ちつけておけば、驚くには驚いても決して極度の狼狽《ろうばい》から知らず知らず取り返しのつかぬ自殺的行動に突進するようなことはなくてすむわけである。同時にまた消防当局の提供する避難機関に対する一通りの予備知識と、その知識から当然生まれるはずの信頼とをもっておりさえすれば、たとい女子供でも、そうあわてなくてすむわけである。

しかしこのような訓練が実際上現在のこの東京市民にいかに困難であろうかという事は、試みにラッシュアワーの電車の乗降に際する現象を注意して見ていても直ちに理解されるであろう。東京市民は、骨を折ってお互いに電車の乗降をわざわざ困難にし、従って乗降の時間をわざわざ延長させ、車の発着を不規則にし、各自の損失を増すことに全力を注いでいるように見える。もしこれと同じ要領でデパート火事の階段に臨むものとすれば階段は瞬時に生きた人間の「栓《せん》」で閉塞《へいそく》されるであろう。そうしてその結果は世にも目ざましき大量殺人事件となって世界の耳口を聳動《しょうどう》するであろうことは真に火を見るよりも明らかである。このような実例の小規模なものは従来小さな映画館の火事の場合に記録されている。しかし人数の桁数《けたすう》のちがうデパートであったらはたしてどうであろう。

＊

これに処する根本的対策としては小学校教育ならびに家庭教育において児童の感受性ゆたかなる頭脳に、鮮明なるしかも持続性ある印象として火災に関する最重要な心得の一般を固定させるよりほかに道はないように思われる。

現在の小学校教育の教程中に火災の事がどれだけの程度に取り扱われているかということについては自分はまだ全く何も知らない。しかしどれほど立派な教程があっても、それの効果が今日われわれの眼前にあまり明白に現われていないことだけは確かな事実であると思われる。

火事は人工的災害であって地震や雷のような天然現象ではないという簡単明瞭《めいりょう》な事実すら、はっきり認識されていない。火事の災害の起こる確率は、失火の確率と、それが一定時間内に発見され通報される確率によって決定されるということも明白に認められていない。火事のために日本の国が年々幾億円を費やして灰と煙を製造しているかということを知る政府の役人も少ない。火事が科学的研究の対象であるということを考えてみる学者もまれである。

＊

話は変わるが先日銀座《ぎんざ》伊東屋《いとうや》の六階に開催されたソビエトロシア印刷芸術展覧会というのをのぞいて見た。かの国の有名な画廊にある名画の複製や、アラビアンナイトとデカメロンの豪華版や、愛書家の涎《よだれ》を流しそうな、芸術のための芸術と思われる書物が並んでいて、これにはちょっと意外な感じもした。

そのほかになかなか美しい人形や小箱なども陳列してあったが、いちばん自分の注意をひいたのは児童教育のために編纂《へんさん》された各種の安直な絵本であった。残念ながらわが国の書店やデパート書籍部に並んでいるあの職人仕立ての児童用絵本などとは到底比較にも何もならないほど芸術味の豊富なデザインを示したものがいろいろあって、子供ばかりかむしろおとなの好事家《こうずか》を喜ばすに充分なものが多数にあった。

その中に「火事《パジアール》」という見出しで、表紙も入れてたった十二ページの本が見つかったのでこれはおもしろいと思って試みに買って来た。絵もなかなかおもしろいが絵とちゃんぽんに印刷されたテキストが、われわれが読んでさえ非常に口調のいいと思われる韻文になっていて、おそらく、ロシアの子供なら、ひとりでに歌わないではいられなくなるであろうと思われるものである。

簡単に内容を紹介すると、まずその第一ページは、消防署で日夜火の手を見張っている様子を歌ってある。第二ページはおかあさんの留守に幼少な娘のリエナが禁を犯してペチカのふたを明け、はね出した火がそれからそれと燃え移って火事になる光景、第三ページは近所が騒ぎだし、家財を持ち出す場面、さすがにサモワール〔金属製湯沸かし〕を持ち出すのを忘れていない。第四ページは消防隊の繰り出す威勢のいいシーン。次は消防作業でポンプはほとばしり消防夫は屋根に上がる。おかしいのはポンプが手押しの小さなものである。次は二人の消防夫が屋根から墜落。勇敢なクジマ、今までに四十人の生命を助け十回も屋根からころがり落ちた札付きのクジマのおやじが屋根裏の窓から一匹のかわいい三毛の子ねこを助け出す。その次はクジマがポケットへ子ねこをねじ込んだままで、今にも焼け落ちんばかりの屋根の上の奮闘。子ねこがかくしから首と前足を出して見物しているのが愉快である。その次は火事のほうがとうとう降参して「ごめんください、クジマさん」とあやまる。クジマが「今後はペチカとランプと蠟燭《ろうそく》以外に飛び出してはいけないぞ」と命令する場面で、ページの下半にはランプと蠟燭のクローズアップ。次のページにはリエナが戸外のベンチで泣いているところへクジマが子ねこの襟首《えりくび》をつかんで頭上高くさし上げながらやって来る。「坊や。泣くんじゃないよ。お家《うち》は新しく建ててやる。子ねこも無事だよ。そら、かわいがっておやり」という一編のクライマックスがあって、さて最後には消防隊が引き上げる光景、クジマの顔には焼けど、額には血、目の縁は黒くなって、そうして平気で揚々と引き上げて行くところで「おしまい」である。

紙芝居にしても悪くはなさそうである。それはとにかく、これだけの、小さな小さな「火事教育」でも、これだけの程度にでもちゃんとしたものがわが国の本屋の店頭にあるかどうか、もし見つかったかたがあったらどうかごめんどうでもちょっとお知らせを願いたい。

＊

ついでながら見本としてこの絵本の第一ページの文句だけを紹介する。発音は自己流でいいかげんのものであるが、およその体裁だけはわかるであろう。

フ、プロースチャデイ、バザールノイ
ナ、カランチェー、パジャールノイ
クルーグルイ、スートキ
ダゾールヌイ、ウ、ブードキ
スマトリート、ワクルーグ
ナ、シエビエール
ナ、ユーグ
ナ、ザーパド
ナ、ウォストク
ニェ、ウィディエイ、リ、ドゥイモーク、

右の訳。これもいいかげんである。

市場の辻《つじ》の
消防屯所《とんしょ》

夜でも昼でも
火の見で見張り
ぐるぐる見回る
　北は…………
　南は…………
　西は…………
　東は…………
どっかに煙はさて見えないか。

わが国の教育家、画家、詩人ならびに出版業者が、ともかくもこの粗末な絵本を参考のために一見して、そうしてわが国児童のために、ほんの些細《ささい》の労力を貢献して、若干の火事教育の絵本を提供されることを切望する次第である。そうすればこの赤露の絵本などよりは数等すぐれた、もっと科学的に有効適切で、もっと芸術的にも立派なものができるであろうと思われる。そういう仕事は決して一流の芸術家を恥ずかしめるものではあるまいと信ずるのである。科学国の文化への貢献という立場から見れば、むしろ、このほうが帝展で金牌《きんぱい》をもらうよりも、もっともっとはるかに重大な使命であるかもしれないのである。（昭和八〔一九三三〕年一月）

災難雑考

大垣《おおがき》の女学校の生徒が修学旅行で箱根《はこね》へ来て一泊した翌朝、出発の間ぎわに監督の先生が記念の写真をとるというので、おおぜいの生徒が渓流《けいりゅう》に架したつり橋の上に並んだ。すると、つり橋がぐらぐら揺れだしたのに驚いて生徒が騒ぎ立てたので、振動がますますはげしくなり、そのためにつり橋の鋼索が断たれて、橋は生徒を載せたまま渓流に墜落し、無残にもおおぜいの死傷者を出したという記事が新聞に出た。

これに対する世評も区々《まちまち》で、監督の先生の不注意を責める人もあれば、そういう抵抗力の弱い橋を架けておいた土地の人を非難する人もあるようである。なるほどこういう事故が起こった以上は監督の先生にも土地の人にも全然責任がないとは言われないであろう。

しかし、考えてみると、この先生と同じことをして無事に写真をとって帰って、生徒やその父兄たちに喜ばれた先生は何人あるかわからないし、この橋よりもっと弱い橋を架けて、そうしてその橋の堪えうる最大荷重についてなんの掲示もせずに通行人の自由に放任している町村をよく調べてみたら日本全国におよそどのくらいあるのか見当がつかない。それで今度のような事件はむしろあるいは落雷の災害などと比較されてもいいようなきわめて稀有《けう》な偶然のなすわざで、たまたまこの気まぐれな偶然のいたずらの犠牲になった生徒たちの不幸はもちろんであるが、その責任を負わされる先生も土地の人も誠に珍しい災難に会ったのだというふうに考えられないこともないわけである。

＊

こういう災難に会った人を、第三者の立場から見て事後にとがめ立てするほどやさしいことはないが、それならばとがめる人がはたして自分でそういう種類の災難に会わないだけの用意が完全に周到にできているかというと、必ずしもそうではないのである。

早い話が、平生地震の研究に関係している人間の目から見ると、日本の国土全体が一つのつり橋の上にかかっているようなもので、しかも、そのつり橋の鋼索があすにも断たれるかもしれないというかなりな可能性を前に控えているような気がしないわけには行かない。来年にもあるいはあすにも、宝永四〔一七〇七〕年または安政元〔一八五四〕年のような大規模な広区域地震が突発すれば、箱根《はこね》のつり橋の墜落とは少しばかり桁数《けたすう》のちがった損害を国民国家全体が背負わされなければならないわけである。

つり橋の場合と地震の場合とはもちろん話がちがう。つり橋はおおぜいでのっからなければ落ちないであろうし、また断えず補強工事を怠らなければ安全であろうが、地震のほうは人間の注意不注意には無関係に、起こるものなら起こるであろう。

しかし、「地震の現象」と「地震による災害」とは区別して考えなければならない。現象のほうは人間の力でどうにもならなくても「災害」のほうは注意次第でどんなにでも軽減されうる可能性があるのである。そういう見地から見ると大地震が来たらつぶれるにきまっているような学校や工場の屋根の下におおぜいの人の子を集団させている当事者は言わば前述の箱根つり橋墜落事件の責任者と親類どうしになって来るのである。ちょっと考えるとある地方で大地震が数年以内に起こるであろうという確率と、あるつり橋にたとえば五十人乗ったためにそれがその場で落ちるという確率とは桁違いのように思われるかもしれないが、必ずしもそう簡単には言われないのである。

＊

最近の例としては台湾《たいわん》の地震がある。台湾は昔から相当烈震の多い土地で二十世紀になってからでもすでに十回ほどは死傷者を出す程度のが起こっている。平均で言えば三年半に一回の割である。それが五年も休止状態にあったのであるから、そろそろまた一つぐらいはかなりなのが台湾じゅうのどこかに襲って来てもたいした不思議はないのであって、そのくらいの予言ならば何も学者を待たずともできたわけである。

しかし今度襲われる地方がどの地方でそれが何月何日ごろに当たるであろうということを的確に予知することは今の地震学では到底不可能であるので、そのおかげで台湾島民は烈震が来れば必ずつぶれて、つぶれれば圧死する確率のきわめて大きいような泥土《でいど》の家に安住していたわけである。それでこの際そういう家屋の存在を認容していた総督府当事者の責任を問うて、とがめ立てることもできないことはないかもしれないが、当事者の側から言わせるとまたいろいろ無理のない事情があって、この危険な土角造《トウカツづく》りの民家を全廃することはそう容易ではないらしい。何よりも困難なことには、内地のような木造家屋は地震には比較的安全だが台湾ではすぐに名物の白蟻《しろあり》に食べられてしまうので、その心配がなくて、しかも熱風防御に最適でその上に金のかからぬというういわゆる土角造《トウカツづく》りが、生活程度のきわめて低い土民〔原住民〕に重宝がられるのは自然の勢いである。

もっとも阿里山《ありさん》の紅檜《べにひ》を使えば比較的あまりひどくは白蟻に食われないことが近ごろわかって来たが、あいにくこの事実がわかったころには同時にこの肝心の材料がおかた伐《き》り尽くされてなくなった事がわかったそうである。政府で歳入の帳尻《ちようじり》を合わせるために無茶苦茶にこの材木の使用を宣伝し奨励して棺桶《かんおけ》などにまでこの良材を使わせたせいだというううわさもある。これはゴシップではあろうがとかくあすの事はかまわぬがちの現代為政者のしそうなことと思われておかしさに涙がこぼれる。

それはとにかく、さし当たってそういう土民〔原住民〕に鉄筋コンクリートの家を建ててやるわけにも行かないとすれば、なんとかして現在の土角造《トウカツづく》りの長所を保存して、その短所を補うようなしかも費用のあまりかからぬ簡便な建築法を研究してやるのが急務ではないかと思われる。

それを研究するにはまず土角造《トウカツづく》りの家がいかなる順序でいかにこわれたかをくわしく調べなければならないであろう。もっとも自分などが言うまでもなく当局者や各方面の専門学者によってそうした研究がすでに着々合理的に行なわれていることであろうと思われるが、同じようなことは箱根《はこね》のつり橋についても言われる。だれの責任であるとか、ないとかいうあとの祭りのとがめ立てを開き直って子細らしくするよりももっともっとだいじなことは、今後いかにしてそういう災難を少なくするかを慎重に攻究することであろうと思われる。それには問題のつり橋のどの鋼索のどのへんが第一に切れて、それから、どういう順序で他の部分が破壊したかという事故の物的経過を災害の現場について詳しく調べ、その結果を参考して次の設計の改善に資するのが何よりもいちばんたいせつなことではないかと思われるのである。

しかし多くの場合に、責任者に対するとがめ立て、それに対する責任者の一応の弁解、ないしは引責というだけでその問題が完全に落着したような気がして、いちばんたいせつな物的調査による後難の軽減という眼目が忘れられるのが通例のようである。これではまるで責任というものの概念がどこかへ迷子《まいご》になってしまうようである。

はなはだしい場合になると、なるべくいわゆる「責任者」を出さないように、つまりだれにも咎《とが》を負わさせないように、実際の事故の原因をおしかくしたり、あるいは見て見ぬふりをして、何かしらもっともらしい不可抗力によったかのように付会してしまって、そうしてその問題を打ち切りにしてしまうようなことが、つり橋事件などよりもっと重大な事件に関して行なわれた実例が諸方面にありはしないかという気がする。そうすればそのさし当たりの問題はそれで形式的には収まりがつくが、それでは、全く同じような災難があとからあとから幾度でも繰り返して起こるのがあたりまえであろう。そういう弊の起こる原因はつまり責任の問い方が見当をちがえているためではないかと思う。人間に免れぬ過失自身を責める代わりに、その過失を正当に償わないことをとがめるようであれば、こんな弊の起こる心配はないはずであろうと思われるのである。

＊

たとえばある工学者がある構造物を設計したのがその設計に若干の欠陥があってそれが倒壊し、そのために人がおおぜい死傷したとする。そうした場合に、その設計者が引責辞職してしまうかないし切腹して死んでしまえば、それで責めをふさいだというのはどうもうそではないかと思われる。その設計の詳細をいちばんよく知っているはずの設計者自身が主任になって倒壊の原因と経過とを徹底的に調べ上げて、そうしてその失敗を踏み台にして徹底的に安全なものを造り上げるのが、むしろほんとうに責めを負うゆえんではないかという気がするのである。

ツェッペリン飛行船などでも、最初から何度となく苦《にが》い失敗を重ねたにかかわらず、当の責任者のツェッペリン伯は決して切腹もしなければ隠居もしなかった。そのおかげでとうとういわゆるツェッペリンが物になったのである。もしも彼がかりにわが日本政府の官吏であったと仮定したら、はたしてどうであったかを考えてみることを、賢明なる本誌読者の銷閑《しょうかん》パズルの題材としてここに提出したいと思う次第である。

＊

これに関連したことで自分が近年で実に胸のすくほど愉快に思ったことが一つある。それは、日本航空輸送会社の旅客飛行機白鳩号《しろはとごう》というのが九州の上空で悪天候のために針路を失して山中に迷い込み、どうしたわけか、機体が空中で分解してばらばらになって林中に墜落した事件について、その事故を徹底的に調査する委員会ができて、おおぜいの学者が集まってあらゆる方面から詳細な研究を遂行し、その結果として、このだれ一人目撃者の存しない空中事故の始終の経過が実によく手にとるようにありありと推測されるようになって来て、事故の第一原因がほとんど的確に突き留められるようになり、従って将来、同様の原因から再び同様な事故を起こすことのないような端的な改良をすべての機体に加えることができるようになったことである。

この原因を突きとめるまでに主としてY教授によって行なわれた研究の経過は、下手《へた》な探偵小説《たんていしょうせつ》などの話の筋道よりは実にはるかにおもしろいものであった。乗組員は全部墜死してしまい、しかも事故の起こったよりずっと前から機上よりの無線電信も途絶えていたから、墜落前の状況については全くだれ一人知った人はない。

しかし、幸いなことには墜落現場における機体の破片の散乱した位置が詳しく忠実に記録されていて、その上にまたそれら破片の現品がたんねんに当時のままの姿で収集され、そのまま手つかずに保存されていたので、Y教授はそれを全部取り寄せてまずそのばらばらの骨片から機の骸骨《がいこつ》をすっかり組み立てるという仕事にかかった、そうしてその機材の折れ目割れ目を一つ一つ番号をつけてはしらみつぶしに調べて行って、それらの損所の機体における分布の状況やまた折れ方の種類のいろいろな型を調べ上げた。折れた機材どうしが空中でぶつかったときにできたらしい傷あとも一々たんねんに検査して、どの折片がどういう向きに衝突したであろうかということを確かめるために、そうした引っかき傷の蠟形《ろうがた》を取ったのとそれらしい相手の折片の表面にある鋲《びょう》の頭の断面と合わしてみたり、また鋲の頭にかすかについているペンキを虫めがねで吟味したり、ここいらはすっかりシャーロック・ホールムスの行き方であるが、ただ科学者のY教授が小説に出て来る探偵《たんてい》とちがうのは、このようにして現品調査で見当をつけた考えをあとから一々実験で確かめて行ったことである。

それには機材とほぼ同様な形をした試片をいろいろに押し曲げてへし折ってみて、その折れ口の様子を見てはそれを現品のそれと比べたりした。その結果として、空中分解の第一歩がどこの折損から始まり、それからどういう順序で破壊が進行し、同時に機体が空中でどんな形に変形しつつ、どんなふうに旋転しつつ墜落して行ったかということのだいたいの推測がつくようになった。

しかしそれでは肝心の事故の第一原因はわからないのでいろいろ調べているうちに、片方の補助翼を操縦する鋼索の張力を加減するためにつけてあるタンバックルと称するネジがある、それがもどるのを防ぐために通してある銅線が一か所切れてネジが抜けていることを発見した。それから考えるとなんらかの原因でこの留めの銅線が切れてタンバックルが抜けたために補助翼がぶらぶらになったことが事故の第一歩と思われた。

そこで今度は飛行機翼の模型を作って風洞《ふうどう》で風を送って試験してみたところがある風速以上になると、補助翼をぶらぶらにした機翼はひどい羽ばたき振動を起こして、そのために支柱がくの字形に曲げられることがわかった。ところが、前述の現品調査の結果でもまさしくこの支柱が最初に折れたとするとすべてのことが符合するのである。こうなって来るともうだいたいの経過の見通しがついたわけであるが、ただ大切なタンバックルの留め針金がどうして切れたか、またちょっと考えただけでは抜けそうもないネジがどうして抜け出したかがわからない。

そこで今度は現品と同じ鋼索とタンバックルの組み合わせをいろいろな条件のもとに週期的に引っぱったりゆるめたりして試験した結果、実際に想像どおりに破壊の過程が進行することを確かめることができたのであった。

要するにたった一本の銅線に生命がつながっていたのに、それをだれも知らずに安心していた。そういう実にだいじなことがこれだけの苦心の研究でやっとわかったのである。さて、これがわかった以上、この命の綱を少しばかり強くすれば、今後は少なくもこの同じ原因から起こる事故だけはもう絶対になくなるわけである。

この点でも科学者の仕事と探偵《たんてい》の仕事とは少しちがうようである。探偵は罪人を見つけ出しても将来の同じ犯罪をなくすることはむつかしそうである。

しかし、飛行機を墜落させる原因になる「罪人」は数々あるので、科学的探偵の目こぼしになっているのがまだどれほどあるか見当はつかない。それがたくさんあるらしいと思わせるのは時によると実に頻繁《ひんぱん》に新聞で報ぜられる飛行機墜落事故の継起である。もっとも非常時の陸海軍では民間飛行の場合などとちがって軍機の制約から来るいろいろな止《や》み難い事情のために事故の確率が多くなるのは当然かもしれないが、いずれにしても成ろうことならすべての事故の徹底的調査をして真相を明らかにし、そうして後難を無くするという事は新しい飛行機の数を増すと同様にきわめて必要なことであろうと思われる。

＊

これはまた飛行機に限らずあらゆる国防の機関についても同様に言われることである。もちろん当局でもそのへんに遺漏《いろう》のあるはずはないが、しかし一般世間ではどうかすると誤った責任観念からいろいろの災難事故の真因が抹殺《まっさつ》され、そのおかげで表面上の責任者は出ない代わりに、同じ原因による事故の犠牲者が跡を絶たないということが珍しくないようで、これは困ったことだと思われる。これでは犠牲者は全く浮かばれない。伝染病患者を内証《ないしょ》にしておけば患者がふえる。あれと似たようなものであろう。

＊

こうは言うもののまたよくよく考えて見ていると災難の原因を徹底的に調べてその真相を明らかにして、それを一般に知らせさえすれば、それでその災難はこの世に跡を絶つというような考えは、ほんとうの世の中を知らない人間の机上の空想に過ぎないではないかという疑いも起こって来るのである。

早い話がむやみに人殺しをすれば後には自分も大概は間違いなく処刑されるということはずいぶん昔からよくだれにも知られているにかかわらず、いつになっても、自分では死にたくない人で人殺しをするものの種が尽きない。若い時分に大酒をのんで無茶な不養生をすれば頭やからだを痛めて年取ってから難儀することは明白でも、そうして自分にまいた種の収穫時に後悔しない人はまれである。

大津波が来るとひと息に洗い去られて生命財産ともに泥水《どろみず》の底に埋められるにきまっている場所でも繁華な市街が発達して何十万人の集団が利権の争闘に夢中になる。

いつ来るかもわからない津波の心配よりもあすの米びつの心配のほうがより現実的であるからであろう。生きているうちに一度でも金をもうけて三日でも栄華の夢を見さえすれば津波にさらわれても遺憾はないという、そういう人生観をいだいた人たちがそういう市街を造って集落するのかもしれない。それを止めだてするというのがいいかどうか、いいとしてもそれが実行可能かどうか、それは、なかなか容易ならぬむつかしい問題である。事によると、このような人間の動きを人間の力でとめたりそらしたりするのは天体の運行を勝手にしようとするよりもいっそう難儀なことであるかもしれないのである。

＊

また一方ではこういう話がある。ある遠い国の炭鉱では鉱山主が爆発防止の設備を怠って充分にしていない。監督官が検査に来ると現に掘っている坑道はふさいで廃坑だということにして見せないで、検査に及第する坑だけ見せる。それで検閲はパスするが時々爆発が起こるというのである。真偽は知らないが可能な事ではある。

こういうふうに考えて来ると、あらゆる災難は一見不可抗的のようであるが実は人為的のもので、従って科学の力によって人為的にいくらでも軽減しうるものだという考えをもう一ぺんひっくり返して、結局災難は生じやすいのにそれが人為的であるがためにかえって人間というものを支配する不可抗な方則の支配を受けて不可抗なものであるという、奇妙な回りくどい結論に到達しなければならないことになるかもしれない。

理屈はぬきにして古今東西を通ずる歴史という歴史がほとんどあらゆる災難の歴史であるという事実から見て、今後少なくも二千年や三千年は昔からあらゆる災難を根気よく繰り返すものと見てもたいした間違いはないと思われる。少なくもそれが一つの科学的宿命観でありうるわけである。

もしもこのように災難の普遍性恒久性が事実であり天然の方則であるとすると、われわれは「災難の進化論的意義」といったような問題に行き当たらないわけには行かなくなる。平たく言えば、われわれ人間はこうした災難に養いはぐくまれて育って来たものであって、ちょうど野菜や鳥獣魚肉を食って育って来たと同じように災難を食って生き残って来た種族であって、野菜や肉類が無くなれば死滅しなければならないように、災難が無くなったらたちまち「災難饑餓《さいなんきが》」のために死滅すべき運命におかれているのではないかという変わった心配も起こし得られるのではないか。

古いシナ人〔中国人〕の言葉で「艱難汝《かんなんなんじ》を玉にす」といったような言い草があったようであるが、これは進化論以前のものである。植物でも少しいじめないと花実をつけないものが多いし、ぞうり虫パラメキウムなどでもあまり天下泰平だと分裂生殖が終息して死滅するが、汽車にでものせて少しゆさぶってやると復活する。このように、虐待は繁盛のホルモン、災難は生命の醸母であるとすれば、地震も結構、台風も歓迎、戦争も悪疫も礼賛《らいさん》に値するのかもしれない。

日本の国土などもこの点では相当恵まれているほうかもしれない。うまいぐあいに世界的に有名なタイフーンのいつも通る道筋に並行して島弧が長く延長しているので、たいていの台風はひっかかるような仕掛けにできている。また大陸塊の縁辺のちぎれの上に乗っかって前には深い海溝《かいこう》を控えているおかげで、地震や火山の多いことはまず世界じゅうの大概の地方にひけは取らないつもりである。

その上に、冬のモンスーンは火事をあおり、春の不連続線は山火事をたきつけ、夏の山水美はまさしく雷雨の醸成に適し、秋の野分《のわき》は稲の花時刈り入れ時をねらって来るようである。日本人を日本人にしたのは実は学校でも文部省でもなくて、神代から今日まで根気よく続けられて来たこの災難教育であったかもしれない。

もしそうだとすれば、科学の力をかりて災難の防止を企て、このせっかくの教育の効果をいくぶんでも減殺しようとするのは考えものであるかもしれないが、幸か不幸か今のところまずその心配はなさそうである。いくら科学者が防止法を発見しても、政府はそのままにそれを採用実行することが決してできないように、また一般民衆はいっこうそんな事には頓着《とんちゃく》しないように、ちゃんと世の中ができているらしく見えるからである。

植物や動物はたいてい人間よりも年長者で人間時代以前からの教育を忠実に守っているからかえって災難を予想してこれに備える事を心得ているか少なくもみずから求めて災難を招くような事はしないようであるが、人間は先祖のアダムが知恵の木の実を食ったおかげで数万年来受けて来た教育をばかにすることを覚えたために新しいいくぶんの災難をたくさん背負い込み、目下その新しい災難から初歩の教育を受け始めたような形である。これからの修行が何十世紀かかるかこれはだれにも見当がつかない。

＊

災難は日本ばかりとは限らないようである。お隣のアメリカでも、たまには相当な大地震があり、大山火事があるし、時にまた日本にはあまり無い「熱波」「寒波」の襲来を受けるほかに、かなりしばしば猛烈な大旋風トルナドーに引っかき回される。たとえば一九三四年の統計によると総計百十四回のトルナドーに見舞われ、その損害額三百八十三万三千ドル、死者四十名であったそうである。北米大陸では大山脈が南北に走っているためにこうした特異な現象に富んでいるそうで、この点欧州よりは少なくも一つだけ多くの災害の種に恵まれているわけである。北米の南方ではわがタイフーンの代わりにその親類のハリケーンを享有しているからますます心強いわけである。

西北隣のロシアシベリアではあいにく地震も噴火も台風もないようであるが、そのかわりに海をとざす氷と、人馬を窒息させるふぶきと、大地の底まで氷らせる寒さがあり、また年を越えて燃える野火がある。決して負けてはいないようである。

中華民国には地方によってはまれに大地震もあり大洪水《だいこうずい》もあるようであるが、しかしあの厖大《ぼうだい》なシナ〔中国〕の主要な国土の大部分は、気象的にも地球物理的にも比較的にきわめて平穏な条件のもとにおかれているようである。その埋め合わせというわけでもないかもしれないが、昔から相当に戦乱が頻繁《ひんぱん》で主権の興亡盛衰のテンポがあわただしくその上にあくどい暴政の跳梁《ちょうりょう》のために、庶民の安堵《あんど》する暇《いとま》が少ないように見える。

*

災難にかけては誠に万里同風である。浜の真砂《まさご》が磨滅《まめつ》して泥《どろ》になり、野の雑草の種族が絶えるまでは、災難の種も尽きないというのが自然界人間界の事実であるらしい。

雑草といえば、野山に自生する草で何かの薬にならぬものはまれである。いつか朝日グラフにいろいろな草の写真とその草の薬効とが満載されているのを見て実に不思議な気がした。大概の草は何かの薬であり、薬でない草を捜すほうが骨が折れそうに見えるのである。しかしよく考えてみるとこれは何も神様が人間の役に立つためにこんないろいろの薬草をこしらえてくれたのではなくて、これらの天然の植物にはぐくまれ、ちょうどそういうものの成分になっているアルカロイドなどが薬になるようなふうに適応して来た動物からだんだんに進化して来たのが人間だと思えばたいした不思議ではなくなるわけである。

同じようなわけで、大概の災難でも何かの薬にならないというのはまれなのかもしれないが、ただ、薬も分量を誤れば毒になるように、災難も度が過ぎると個人を殺し国を滅ぼすことがあるかもしれないから、あまり無制限に災難歓迎を標榜《ひょうぼう》するのも考えものである。

以上のような進化論的災難観とは少しばかり見地をかえた優生学的災難論といったようなものもできるかもしれない。災難を予知したり、あるいはいつ災難が来てもいいように防備のできているような種類の人間だけが災難を生き残り、そういう「ノア」の子孫だけが繁殖すれば知恵の動物としての人間の品質はいやでもだんだん高まって行く一方であろう。こういう意味で災難は優良種を選択する試験のメンタルテストであるかもしれない。

そうだとすると逆に災難をなくすればなくするほど人間の頭の働きは平均して鈍いほうに移って行く勘定である。それで、人間の頭脳の最高水準を次第に引き下げて、賢い人間やえらい人間をなくしてしまって、四海兄弟みんな凡庸な人間ばかりになったというユートピアを夢みる人たちには徹底的な災難防止が何よりの急務であろう。ただそれに対して一つの心配することは、最高水準を下げると同時に最低水準も下がるというのは自然の変異《ヴェリエーション》の方則であるから、このユートピアンの努力の結果はつまり人間を次第に類人猿《るいじんえん》の方向に導くということになるかもしれないということである。

いろいろと持って回って考えてみたが、以上のような考察からは結局なんの結論も出ないようである。このまとまらない考察の一つの収穫は、今まで自分など机上で考えていたような楽観的な科学的災害防止可能論に対する一抹《いちまつ》の懐疑である。この疑いを解くべきかぎはまだ見つからない。これについて読者の示教を仰ぐことができれば幸いである。（昭和十〔一九三五〕年七月）

地震雑感

一　地震の概念

地震というものの概念は人々によってずいぶん著しくちがっている。理学者以外の世人にとっては、地震現象の心像はすべて自己の感覚を中心として見た展望図《パースペクティヴ》に過ぎない。震動の筋肉感や、耳に聞こゆる破壊的の音響や、眼に見える物体の動揺転落する光景などが最も直接なもので、これには不可抗的な自然の威力に対する本能的な畏怖が結合されている。これに附帯しては、地震の破壊作用の結果として生ずる災害の直接あるいは間接な見聞によって得らるる雑多な非系統的な知識と、それに関する各自の利害の念慮や、社会的あるいは道徳的批判の構成等である。

地震の科学的研究に従事する学者でも前述のような自己本位の概念をもっていること

とは勿論であるが、専門の科学上の立場から見た地震の概念は自ずからこれと異なったものでなければならない。

もし現在の物質科学が発達の極に達して、あらゆる分派の間の完全な融合が成立する日があるとすれば、その時には地震というものの科学的な概念は一つ、而《しか》してただ一つの定まったものでなければならないはずだと思われる。しかし現在のように科学というものの中に、互いに連絡のよくとれていない各分科が併立して、各自の窮屈な狭い見地から覗《うかが》い得る範囲だけについていわゆる専門を称《とな》えている間は、一つの現象の概念が科学的にも雑多であり、時としては互いに矛盾する事さえあるのは当然である。

*

地震を研究するには種々の方面がある。

先ず第一には純統計的の研究方面がある。この方面の研究者にとっては一つ一つの地震は単に一つ一つの算盤玉《そろばんだま》のようなものである、たとえ場合によっては地震の強度を分類する事はあっても、結局は赤玉と黒玉とを区別するようなものである。

第二には地震計測の方面がある。この方面の専攻者にとっては、地震というものはただ地盤の複雑な運動である。これをなるべく、、、忠実に正確に記録すべき器械の考案や、また器械が理想的でない場合の記録の判断や、そういう事が主要な問題である。それから一歩を進むれば、震源地の判定というような問題に触れる事にはなるが、更にもう一歩を進めるところまで行く暇のないのが通例である。この専門にとっては、地震というものと地震計の記象とはほとんど同意義《シノニム》である。ある外国の新聞に今回の地震の地震計記象を掲げた下に Japanese Earthquake reduced to line. と題してあるのを面白いと思って見たが、実際計測的研究者にとっては研究の対象は地震よりはむしろ「線に直した地震」であるとも云われる。

第三に地質学上の現象として地震を見るのもまた一つの見方である。

この方面から考えると、地震というものの背景には我地球の外殻を構成している多様な地層の重畳したものがある。それが皺曲《しゅうきょく》や断層やまた地下熔岩の迸出《へいしゅつ》によって生じた脈状あるいは塊状の夾雑物《きょうざつぶつ》によって複雑な構造物を形成している。その構造の如何《いか》なる部分に如何なる移動が起ったかが第一義的の問題である。従ってその地質的変動によって生じた地震の波が如何なる波動であったかというような事はむしろ第二義以下の問題と見られる傾向がある。この方面の専門家にとっては地震即地変である。またいわゆる震度の分布という問題についても地質学上の見地から見ればいわゆる「地盤」という事をただ地質学的の意味にのみ解釈する事は勿論の事である。

第四には物理学者の見た地震というものがある。この方の専門的な立場から見れば、地震というものは、地球と称する、弾性体で出来た球の表面に近き一点に、ある簡単な運動が起って、そこから各種の弾性波が伝播する現象に外ならぬのである。そして実際多くの場合に均質な完全弾性体に簡単なる境界条件を与えた場合の可逆的な変化について考察を下すに過ぎないのである。物理学上の方則には誤りはないはずであっても、これを応用すべき具体的の「場合」の前提とすべき与件の判定は往々にして純正物理学の範囲を超越する。それ故に物理学者の考える地震というものは結局物理学の眼鏡を透して見得るだけのものに過ぎない。

＊

同じく科学者と称する人々の中でも各自の専門に応じて地震というものの対象がかくのごとく区々《まちまち》である。これは要するにまだ本当の意味での地震学というものが成立していない事を意味するのではあるまいか。各種の方面の学者はただ地震現象の個々の断面を見ているに過ぎないのではあるまいか。

これらのあらゆる断面を綜合して地震現象の全体を把握する事が地震学の使命でなくてはならない。勿論、現在少数の地震学者はとうにこの種の綜合に努力し、既に幾分の成果を齎《もたら》してはいるが、各断面の完全な融合はこれを将来に待たなければならない。

二　震源

従来でもちょっとした地震のある度にいわゆる震源争いの問題が日刊新聞紙上を賑わすを常とした。これは当の地震学者は勿論すべての物理的科学者の苦笑の種となったものである。

震源とは何を意味するか、また現在震源を推定する方法が如何なるものであるかというような事を多少でも心得ている人にとっては、新聞紙のいわゆる震源争いなるものが如何に無意味なものであるかを了解する事が出来るはずである。

震源の所在を知りたがる世人は、おそらく自分の宅《うち》に侵入した盗人を捕えたがると同様な心理状態にあるものと想像される。しかし第一に震源なるものがそれほど明確な単独性《インディイヴィジュアリティ》をもった個体と考えてよいか悪いかさえも疑いがある、のみならず、たとえいわゆる震源が四元幾何学的の一点に存在するものと仮定しても、また現在の地震計がどれほど完全であると仮定しても、複雑な地殻を通過して来る地震波の経路を判定すべき予備知識の極めて貧弱な現在の地震学の力で、その点を方数里の区域内に確定する事がどうして出来よう。

いわんや今回のごとき大地震〔関東大震災〕の震源はおそらく時と空間のある有限な範囲に不規則に分布された「震源群」であるかもしれない。そう思わせるだけの根拠は相当にある。そうだとすると、震源の位地を一小区域に限定する事はおそらく絶望でありまた無意味であろう。観測材料の選み方によって色々の震源に到達するはむしろ当然の事ではあるまいか。今回地震の本当の意味の震源を知るためには今後専門学者のゆっくり落着いた永い間の研究を待たなければなるまい。事によると永久に充分には分らないで終るかもしれない。

三　地震の源因

震災の源因という言語は色々に解釈される。多くの場合には、その地震が某火山の活動に起因するとか、あるいは某断層における地辷《じすべ》りに起因するとかいうような事が一通り分れば、それで普通の源因追究慾が満足されるようである。そしてその上にその地辷りなら地辷りが如何なる形状の断層に沿うて幾メートルの距離だけ移動したというような事が分ればそれで万事は解決されたごとく考える人もある。これは源因の第一段階である。

しかし如何なる機巧《メカニズム》でその火山のその時の活動が起ったか、また如何なる力の作用でその地辷りを生じたかを考えてみる事は出来る。これに対する答としては更に色々な学説や臆説が提出され得る。これが源因の第二段階である。例えば地殻の一部分にしかじかの圧力なり歪力《わいりよく》なりが集積したために起ったものであるという判断である。

＊

これらの学説が仮りに正しいとした時に、更に次の問題が起る。すなわち地殻のその特別の局部に、そのような特別の歪力を起すに到ったのは何故かという事である。これが源因の第三段階である。

問題がここまで進んで来ると、それはもはや単なる地震のみの問題ではなくなる。地殻の物理学あるいは地球物理学の問題となって来るのである。

地震の源因を追究して現象の心核に触れるがためには、結局ここまで行かなければならないはずだと思われる。地球の物理を明らかにしないで地震や火山の現象のみの研究をするのは、事によると、人体の生理を明らかにせずして単に皮膚の吹出物だけを研究しようとするようなものかもしれない。地震の根本的研究はすなわち地球特に地殻の研究という事になる。本当の地震学はこれを地球物理学の一章として見た時に始めて成立するものではあるまいか。

地殻の構造について吾人《ごじん》の既に知り得たところは甚だ少ない。重力分布や垂直線偏差から推測さるるイソスタシー〔地殻均衡〕の状態、地殻潮汐《ちょうせき》や地震伝播の状況から推定さるる弾性分布などがわずかにやや信ずべき条項を与えているに過ぎない。かくのごとく直接観測し得らるべき与件の僅少な問題にたいしては種々の学説や仮説が可能であり、また必要でもある。

ウェーゲナー〔アルフレート・ヴェーゲナー。地球物理学者。一八八〇〜一九三〇〕の大陸漂移説や、最近ジョリー〔地質鉱物学者。一八五七〜一九三三〕の提出した、放射能性物質の熱によって地質学的輪廻《りんね》変化を説明する仮説のごときも、あながち単なる科学的ロマンスとして捨つべきものでないと思われる。今回地震の起因のごときも、これを前記の定説や仮説に照らして考究するは無用の業ではない。これによって少なくも有益な暗示を得、また将来研究すべき事項に想い到るべき手懸りを得るのではあるまいか。

地震だけを調べるのでは、地震の本体は分りそうもない。

四　地震の予報

地震の予報は可能であるかという問題がしばしば提出される。これに対する答は「予報」という言葉の解釈次第でどうでもなる。もし星学者が日蝕を予報すると同じような決定《デターミニステイク》的な意味でいうなら、私は不可能と答えたい。しかし例えば医師が重病患者の死期を予報するような意味においてならばあるいは将来可能であろうと思う。

しかし現在の地震学の状態ではそれほどの予報すらも困難であると私は考えてい

る。現在でやや可能と思われるのは統計的の意味における予報である。例えば地球上のある区域内に向う何年の間に約何回内外の地震がありそうであるというような事は、適当な材料を基礎として云っても差支えはないかもしれない。しかし方数十里の地域に起るべき大地震の期日を数年範囲の間に限定して予知し得るだけの科学的根拠が得られるか否かについては私は根本的の疑いを懐《いだ》いているものである。

*

しかしこの事についてはかつて『現代之科学』誌上で詳しく論じた事があるから、今更にそれを繰返そうとは思わない。ただ自然現象中には決定的と統計的と二種類の区別がある事に注意を促したい。この二つのものの区別はかなりに本質的なものである。ポアンカレー〔数学者、物理学者、天文学者。一八五四〜一九一二〕の言葉を借りて云わば、前者は源因の微分的変化に対して結果の変化がまた微分的である場合に当り、後者は源因の微分的差違が結果に有限の差を生ずる場合である。

一本の麻縄に漸次に徐々に強力を加えて行く時にその張力が増すに従って、その切断の期待率は増加する。しかしその切断の時間を「精密に」予報する事は六《むつ》かしい、いわんやその場処を予報する事は更に困難である。

地震の場合は必ずしもこれと類型的ではないが、問題が統計的である事だけは共通である。のみならず麻糸の場合よりはすべての事柄が更に複雑である事は云うまでもない。

由来物理学者はデターミニストであった。従ってすべての現象を決定的に予報しようと努力して来た。しかし多分子《マルティモレキュラー》的現象に遭遇して止むを得ず統計的の理論を導入した。統計的現象の存在は永久的の事実である。

決定的あるいは統計的の予報が可能であるとした場合に、その効果如何という事は別問題である。今ここにこのデリケートな問題を論じる事は困難であり、また論じようと思わない。

要は、予報の問題とは独立に、地球の災害を予防する事にある。想うに、少なくもある地質学的時代においては、起り得べき地震の強さには自ずからな最大限が存在するだろう。これは地殻そのものの構造から期待すべき根拠がある。そうだとすれば、この最大限の地震に対して安全なるべき施設をさえしておけば地震というものはあっても恐ろしいものではなくなるはずである。

そういう設備の可能性は、少なくも予報の可能性よりは大きいように私には思われる。

ただもし、百年に一回あるかなしの非常の場合に備えるために、特別の大きな施設を平時に用意するという事が、寿命の短い個人や為政者にとって無意味だと云う人があらば、それはまた全く別の問題になる。そしてこれは実に容易ならぬ問題である。この問題に対する国民や為政家の態度はまたその国家の将来を決定するすべての重大なる問題に対するその態度を覘《うかが》わしむる目標である。（大正十三〔一九二四〕年五月）

静岡地震被害見学記

昭和十〔一九三五〕年七月十一日午後五時二十五分頃、本州中部地方関東地方から近畿地方東半部へかけてかなりな地震が感ぜられた。静岡の南東久能山《くのうざん》の麓《ふもと》をめぐる二、三の村落や清水市〔現・静岡市〕の一部では相当潰家《つぶれや》もあり人死《ひとじに》もあった。しかし破壊的地震としては極めて局部的なものであって、先達《せんだつ》ての台湾地震などとは比較にならないほど小規模なものであった。

新聞では例によって話が大きく伝えられたようである。新聞編輯者《へんしゆうしや》は事実の客観的真相を忠実に伝えるというよりも読者のために「感じを出す」ことの方により多く熱心である。それで自然損害の一番ひどい局部だけを捜し歩いて、その写真を大きく紙面一杯に並べ立てるから、読者の受ける印象ではあたかも静岡全市並びに附近一帯が全部丸潰れになったような風に漠然と感ぜられるのである。このように、読者を欺《だま》すという悪意は少しもなくて、しかも結果において読者を欺すのが新聞のテクニックなのである。

＊

七月十四日の朝東京駅発姫路行に乗って被害の様子を見に行った。三島辺まで来ても一向どこにも強震などあったらしい様子は見えない。静岡が丸潰れになるほどなら三島あたりでもこれほど無事なはずがなさそうに思われた。三島から青年団員が大勢乗込んだ。ショベルや鍬《くわ》を提《さ》げた人も交じっている。静岡の復旧工事の応援に出かけるらしい。三等が満員になったので団員の一部は二等客車へどやどや雪崩《なだ》れ込んだ。この直接行動のおかげで非常時気分がはじめて少しばかり感ぜられた。こうした場合の群集心理の色々の相が観察されて面白かった。例えば大勢の中にきっと一人くらいは「豪傑」がいて、わざと傍若無人に振舞って仲間や傍観者を笑わせたりはらはらさせるものである。

富士駅附近へ来ると極めて稀に棟瓦《むながわら》の一、二枚くらいこぼれ落ちているのが見えた。興津《おきつ》まで来ても大体その程度らしい。なんだかひどく欺されているような気がした。

清水で下車して研究所の仲間と一緒になり、新聞で真先に紹介された岸壁破壊の跡を見に行った。途中ところどころ家の柱のゆがんだのや壁の落ちたのが眼についた。木造二階家の玄関だけを石造にしたようなのが、木造部は平気であるのに、それにただそっともたせかけて建てた石造の部分が滅茶滅茶に毀《こわ》れ落ちていた。これははじめからちょっとした地震で、必ず毀れ落ちるように出来ているのである。

岸壁が海の方へせり出して、その内側が陥没したので、そこに建て連ねた大倉庫の片側の柱が脚元を払われて傾いてしまっている。この岸壁も、よく見ると、ありふれた程度の強震でこの通りに毀れなければならないような風の設計にはじめから出来ているように見える。設計者が日本に地震という現象のあることをつい忘れていたか、それとも設計を註文した資本家が経済上の都合で、強い地震の来るまでは安全という設計で満足したのかもしれない。地震が少し早く来過ぎたのかもしれない。

この岸壁だけを見ていると、実際天柱《てんちゅう》は摧《くだ》け地軸も折れたかという感じが出るが、ここから半町とは離れない在来の地盤に建てたと思われる家は少しも傾いてさえいないのである。天然は実に正直なものである。

久能山の上り口の右手にある寺の門が少し傾き曲り境内《けいだい》の石燈籠が倒れていた。寺の堂内には年取った婦人が大勢集まって合唱をしていた。慌ただしい復旧工事の際足《あし》手纏《てまと》いで邪魔になるお婆さん達が時を殺すためにここに寄っているのかという想像をしてみたが事実は分らない。
　久能山麓を海岸に沿うて南へ行くに従って損害が急に眼立って来た。庇《ひさし》が波形に曲ったり垂れ落ちかかったり、障子紙が一とこま一とこま申合わせたように同じ形に裂けたり、石垣の一番はしっこが口を開いたりするという程度からだんだんひどくなって半潰家、潰家が見え出して来た。屋根が軽くて骨組の丈夫な家は土台の上を横に辷《すべ》り出していた。そうした損害の最もひどい部分が細長い帯状になってしばらく続くのである。どの家もどの家もみんな同じように大体東向きに傾きまたずれているのを見ると揺れ方が簡単であった事が分る。関東地震などでは、とてもこんな簡単な現象は見られなかった。

*

　とある横町をちょっと山の方へ曲り込んでみると、道に向って倒れかかりそうになったある家に支柱をして、その支柱の脚元を固めるためにまた別のつっかい棒がしてある。吾々仲間でその支柱の仕方が果してどれだけ有効であろうかといったようなことを話し合っていたら、通りかかった人足風の二人連れが「アア、それですか、僕達がやったんですよ」と云い捨てて通り抜けた。責任を明らかにしたのである。

この横町の奥にちょっとした神社があって、石の鳥居が折れ倒れ、石燈籠も倒れている。御手洗《みたらし》の屋根も横倒しになって潰れている。

この御手洗の屋根の四本の柱の根元を見ると、土台のコンクリートから鉄金棒が突き出ていて、それが木の根の柱の中軸に掘込んだ穴にはまるようになっており、柱の根元を横に穿《うが》った穴にボルトを差込むとそれが土台の金具を貫通して、それで柱の浮上がるのを止めるという仕掛になっていたものらしい。しかし柱の穴にはすっかり古い泥がつまっていて、ボルトなんか挿《さ》してあった形跡が見えない。これは、設計ではそれ挿すことになっていたのを、つい挿すのを忘れたのか、手を省いて略したのか、それともいったん挿してあったのを盗人か悪戯《いたずら》な子供が抜き去ったか、いずれかであろうと思われた。このボルトが差してあったら多分この屋根は倒れないですんだかもしれないと思われた。少なくも子供だけにはこんないたずらをさせないように家庭や小学校で教えるといいと思われた。

これで思い出したのは、関東大震災のすぐあとで小田原の被害を見て歩いたとき、とある海岸の小祠《しょうし》で、珍しく倒れないでちゃんとして直立している一対の石燈籠を発見して、どうも不思議だと思ってよく調べてみたら、台石から火袋《ひぶくろ》を貫いて笠石《かさいし》まで達する鉄の大きな心棒がはいっていた。こうした非常時の用心を何事もない平時にしておくのは一体利口か馬鹿か、それはどうとも云わば云われるであろうが、用心しておけばその効果の現われる日がいつかは来るという事実だけは間違いないようである。

＊

神社の大きな樹の下に角テントが一つ張ってある。その屋根には静岡何某小学校と大きく書いてある。その下に小さな子供が二、三十人も集まって大人しく坐っている。その前に据えた机の上にのせたポータブルの蓄音機から何かは知らないが童謡らしいメロディーが陽気に流れ出している。若い婦人で小学校の先生らしいのが両腕でものを抱えるような恰好をして拍子をとっている。まだ幼稚園へも行かれないような幼児が多いが、みんな一生懸命に傾聴している。勿論鼻汁を垂らしているのもある。とにかく震災地とは思われない長閑《のどか》な光景であるが、またしかし震災地でなければ見られない臨時応急の「託児所」の光景であった。

この幼い子供達のうちには我家が潰れ、また焼かれ、親兄弟に死傷のあったようなのも居るであろうが、そういう子等がずっと大きくなって後に当時を想い出すとき、この閑寂で清涼な神社の境内のテントの下で蓄音機の童謡に聴惚《ききほ》れたあの若干時間の印象が相当鮮明に記憶に浮上がってくる事であろうと思われた。

平松から大谷の町へかけて被害の最もひどい区域は通行止で公務以外の見物人の通行を止めていた。救護隊の屯所《とんしょ》なども出来て白衣の天使や警官が往来し何となく物々しい気分が漂っていた。

山裾の小川に沿った村落の狭い帯状の地帯だけがひどく損害を受けているのは、特別な地形地質のために生じた地震波の干渉にでもよるのか、ともかくも何か物理的にはっきりした意味のある現象であろうと思われたが、それは別問題として、丁度正《ちょうどまさ》にそういう処に村落と街道が出来ていたという事にも何か人間対自然の関係を支配する未知の方則に支配された必然な理由があるであろうと思われた。

故日下部《くさかべ》博士が昔ある学会で文明と地震との関係を論じたあの奇抜な所説を想い出させられた。高松という処の村はずれにある或《あ》る神社で、社前の鳥居の一本の石柱は他所《よそ》のと同じく東の方へ倒れているのに他の一本は全く別の向きに倒れているので、どうも可笑《おか》しいと思って話し合っていると、居合わせた小学生が、それもやはり東に倒れていたのを、通行の邪魔になるから取片付けたのだと云って教えてくれた。

関東地震のあとで鎌倉の被害を見て歩いたとき、光明寺《こうみょうじ》の境内《けいだい》にある或る碑石が後向きに立っているのを変だと思って故田丸先生と「研究」していたら、居合わせた土地の老人が、それは一度倒れたのを人夫が引起して樹《た》てるとき間違えて後向きにたてたのだと教えてくれた。うっかり「地震による碑石の廻転について」といったような論文の材料にでもして故事付《こじつ》けの数式をこね廻しでもすると、あとでとんだ恥をかくところであった。実験室ばかりで仕事をしている学者達はめったに引っかかる危険のないようなこうした種類の係蹄《わな》が時々「天然」の研究者の行手《ゆくて》に待伏せしているのである。

*

静岡へのバスは吾々一行が乗ったので満員になった。途中で待っていたお客に対して運転手が一々丁寧に、どうも気の毒だが御覧の通り一杯だからと云って、本当に気の毒そうに詫言《わびごと》を云っている。東京などでは見られない図である。多分それらの御客と運転手とはお互いに「人」として知合っているせいであろう。東京では運転手は器械の一部であり、乗客は荷重であるに過ぎない、従って詫言などはおよそ無用な勢力の浪費である。

この辺の植物景観が関東平野のそれと著しくちがうのが眼につく。民家の垣根に槙《まき》を植えたのが多く、東京辺なら椎《しい》を植える処に楠《くすのき》かと思われる樹が見られたりした。茶畑というものも独特な「感覚」のあるものである。あの蒲鉾《かまぼこ》なりに並んだ茶の樹の丸く膨らんだ頭を手で撫《な》でて通りたいような誘惑を感じる。

静岡へ着いて見ると、全滅したはずの市街は一見したところ何事もなかったように見える。停車場前の百貨店の食堂の窓から駿河湾の眺望と涼風を享楽しながら食事をしている市民達の顔にも非常時らしい緊張は見られなかった。屋上から見渡すと、なるほど所々に棟瓦の揺り落されたのが指摘された。

停車場近くの神社で花崗石《みかげいし》の石の鳥居が両方の柱とも見事に折れて、その折れ口が同じ傾斜角度を示して、同じ向きに折れていて、おまけに二つの折れ目の断面がほぼ同平面に近かった。これが一行の学者達の問題になった。天然の実験室でなければこんな高価な「実験」はめったに出来ないから、貧乏な学者にとって、こうしたデータは絶好の研究資料になるのである。

同じ社内にある小さい石の鳥居が無難である。この石は何だろうと云っていたら、居合わせた土地のおじさんが「これは伊豆の六方石《ろっぽうせき》ですよ」と教えてくれた。なるほど玄武岩《げんぶがん》の天然の六方柱をつかったものである。天然の作ったものの強い一例かもしれない。

御濠《おほり》の石垣が少しくずれ、その対岸の道路の崖もくずれている。人工物の弱い例である。しかし崖に樹《た》った電柱の処で崩壊の伝播《でんぱ》が喰い止められているように見える。理由はまだよく分らないが、ことによるとこれは人工物の弱さを人工で補強することの出来る一例ではないかと思われた。両岸の崩壊箇所が向かい合っているのもやはり意味があるらしい。

県庁の入口に立っている煉瓦と石を積んだ門柱四本のうち中央の二本の頭が折れて落ち砕けている。落ちている破片の量から見ると、どうもこの二本は両脇の二本よりだいぶ高かったらしい。門番に聞くと果してそうであった。

新築の市役所の前に青年団と見える一隊が整列して、誰かが訓示でもしているらしかったが、やがて一同わあっと歓声を揚げてトラックに乗込み風のごとくどこかへ行ってしまった。

三島の青年団によって喚び起された自分の今日の地震気分は、この静岡市役所前の青年団の歓声によって終末を告げた。帰りの汽車で陰暦十四日の月を眺めながら一行の若い元気な学者達と地球と人間とに関する雑談に汽車の東京に近づくのを忘れていた。「静岡」大震災見学の非科学的随筆記録を忘れぬうちに書きとめておくことにした。（昭和十〔一九三五〕年九月）

小爆発二件

昭和十年八月四日の朝、信州軽井沢千《しんしゅうかるいざわせん》が滝《たき》グリーンホテルの三階の食堂で朝食を食って、それからあの見晴らしのいい露台に出てゆっくり休息するつもりで煙草《たばこ》に点火したとたんに、なんだかけたたましい爆音が聞こえた。「ドカン、ドカドカ、ドカーン」といったような不規則なリズムを刻んだ爆音がわずか二、三秒間に完了して、そのあとに「ゴー」とちょうど雷鳴の反響のような余韻が二、三秒ぐらい続き次第に減衰しながら南の山すそのほうに消えて行った。大砲の音やガス容器の爆発の音などとは全くちがった種類の音で、しいて似よった音をさがせば、「はっぱ」すなわちダイナマイトで岩山を破砕する音がそれである。「ドカーン」というかな文字で現わされるような爆音の中に、もっと鋭い、どぎつい、「ガー」とか「ギャー」とかいったような、たとえばシャヴェルで敷居の面を引っかくようなそういう感じの音がまじっていた。それがなんだかどなりつけるかまたしかり飛ばしでもするような強烈なアクセントで天地に鳴り響いたのであった。

やっぱり浅間《あさま》が爆発したのだろうと思ってすぐにホテルの西側の屋上露台へ出て浅間のほうをながめたがあいにく山頂には密雲のヴェールがひっかかっていて何も見えない。しかし山頂から視角にしてほぼ十度ぐらいから以上の空はよく晴れていたから、今に噴煙の頭が出現するだろうと思ってしばらく注意して見守っていると、まもなく特徴ある花甘藍《コーリフラワー》形の噴煙の円頂が山をおおう雲帽の上にもくもくと沸き上がって、それが見る見る威勢よく直上して行った。上昇速度は目測の結果からあとで推算したところでは毎秒五十、六十メートル、すなわち台風で観測される最大速度と同程度のものであったらしい。

煙の柱の外側の膚はコーリフラワー形に細かい凹凸《おうとつ》を刻まれていて内部の擾乱渦動《じょうらんかどう》の劇烈なことを示している。そうして、従来見た火山の噴煙と比べて著しい特徴と思われたのは噴煙の色がただの黒灰色でなくて、その上にかなり顕著なたとえば煉瓦《れんが》の色のような赤褐色《せきかつしょく》を帯びていることであった。

高く上がるにつれて頂上の部分のコーリフラワー形の粒立った凹凸が減じて行くのは、上昇速度の減少につれて擾乱渦動の衰えることを示すと思われた。同時に煙の色が白っぽくなって形も普通の積乱雲の頂部に似て来た、そうしてたとえば椎茸《しいたけ》の笠《かさ》を何枚か積み重ねたような格好をしていて、その笠の縁が特に白く、その裏のまくれ込んだ内側が暗灰色にくま取られている。これは明らかに噴煙の頭に大きな渦環《ヴォーテックスリング》が重畳していることを示すと思われた。

仰角から推算して高さ七、八キロメートルまでのぼったと思われるころから頂部の煙が東南になびいて、ちょうど自分たちの頭上の方向に流れて来た。

ホテルの帳場で勘定をすませて玄関へ出て見たら灰が降り初めていた。爆発から約十五分ぐらいたったころであったと思う。ふもとのほうから迎いに来た自動車の前面のガラス窓に降灰《こうはい》がまばらな絣模様《かすりもよう》を描いていた。

山をおりる途中で出会った土方らの中には目にはいった灰を片手でこすりながら歩いているのもあった。荷車を引いた馬が異常に低く首をたれて歩いているように見えた。避暑客の往来も全く絶えているようであった。

星野《ほしの》温泉《おんせん》へ着いて見ると地面はもう相当色が変わるくらい灰が降り積もっている。草原の上に干してあった合羽《かっぱ》の上には約一ミリか二ミリの厚さに積もっていた。

庭の檜葉《ひば》の手入れをしていた植木屋たちはしかし平気で何事も起こっていないよう

な顔をして仕事を続けていた。

池の水がいつもとちがって白っぽく濁っている、その表面に小雨でも降っているかのように細かい波紋が現滅していた。

こんな微量な降灰で空も別に暗いというほどでもないのであるが、しかしいつもの雨ではなくて灰が降っているのだという意識が、周囲の見慣れた景色を一種不思議な凄涼《せいりょう》の雰囲気《ふんいき》で色どるように思われた。宿屋も別荘もしんとして静まり返っているような気がした。

八時半ごろ、すなわち爆発から約一時間後にはもう降灰は完全にやんでいた。九時ごろに出て空を仰いで見たら黒い噴煙の流れはもう見られないで、そのかわりに青白い煙草《たばこ》の薄けむりのようなものが浅間のほうから東南の空に向かってゆるやかに流れて行くのが見えた。最初の爆発にはあんなに多量の水蒸気を噴出したのが、一時間半後にはもうあまり水蒸気を含まない硫煙のようなものを噴出しているという事実が自分にはひどく不思議に思われた。この事実から考えると最初に出るあの多量の水蒸気は主として火口の表層に含まれていた水から生じたもので、爆発の原動力をなしたと思われる深層からのガスは案外水分の少ないものではないかという疑いが起こった。

しかしこれはもっとよく研究してみなければほんとうの事はわからない。

降灰をそっとピンセットの先でしゃくい上げて二十倍の双眼顕微鏡でのぞいて見ると、その一粒一粒の心核には多稜形《たりようけい》の岩片があって、その表面には微細な灰粒がたとえて言えば杉《すぎ》の葉のように、あるいはまた霧氷のような形に付着している。それがちょっとつま楊枝《ようじ》の先でさわってもすぐこぼれ落ちるほど柔らかい海綿状の集塊となって心核の表面に付着し被覆しているのである。ただの灰の塊《かたまり》が降るとばかり思っていた自分にはこの事実が珍しく不思議に思われた。灰の微粒と心核の石粒とでは周囲の気流に対する落下速度が著しくちがうから、この両者は空中でたびたび衝突するであろうが、それが再び反発しないでそのまま膠着《こうちゃく》してこんな形に生長するためには何かそれだけの機巧がなければならない。

その機巧としては物理的また化学的にいろいろな可能性が考えられるのであるが、それもほんとうのことはいろいろ実験的研究を重ねた上でなければわからない将来の問題であろうと思われた。

一度浅間《あさま》の爆発を実見したいと思っていた念願がこれで偶然に遂げられたわけである。

浅間観測所の水上《みなかみ》理学士に聞いたところでは、この日の爆発は四月二十日《はつか》の大爆発以来起こった多数の小爆発の中でその強度の等級にしてまず十番目くらいのものだそうである。そのくらいの小爆発であったせいでもあろうが、自分のこの現象に対する感じはむしろ単純な機械的なものであって神秘的とか驚異的とかいった気持ちは割合に少なかった。人間が爆発物で岩山を破壊しているあの仕事の少し大仕掛けのものだというような印象であった。しかし、これは火口から七キロメートルを隔てた安全地帯から見たからのことであって、万一火口の近くにでもいたら直径一メートルもあるようなまっかに焼けた石が落下して来て数分時間内に生命をうしなったことは確実であろう。

十時過ぎの汽車で帰京しようとして沓掛《くつかけ》駅で待ち合わせていたら、今浅間からおりて来たらしい学生をつかまえて駅員が爆発当時の模様を聞き取っていた。爆発当時その学生はもう小浅間《こあさま》のふもとまでおりていたからなんのことはなかったそうである。その時別に四人連れの登山者が登山道を上りかけていたが、爆発しても平気でのぼって行ったそうである。「なになんでもないですよ、大丈夫ですよ」と学生がさも請け合ったように言ったのに対して、駅員は急におごそかな表情をして、静かに首を左右にふりながら「いや、そうでないです、そうでないです。――いやどうもありがとう」と言いながら何か書き留めていた手帳をかくしに収めた。

ものをこわがらな過ぎたり、こわがり過ぎたりするのはやさしいが、正当にこわがることはなかなかむつかしいことだと思われた。○○の○○○○に対するのでも△△の△△△△に対するのでも、やはりそんな気がする。


八月十七日の午後五時半ごろにまた爆発があった。その時自分は星野《ほしの》温泉《おんせん》別館の南向きのベランダで顕微鏡をのぞいていたが、爆音も気づかず、また気波も感じなかった。しかし本館のほうにいた水上《みなかみ》理学士は障子《しょうじ》にあたって揺れる気波を感知したそうである。また自分たちの家の裏の丘上の別荘にいた人は爆音を聞き、そのあとで岩のくずれ落ちるような物すごい物音がしばらく持続して鳴り響くのを聞いたそうである。あいにく山が雲で隠れていて星野のほうからは噴煙は見えなかったし、降灰も認められなかった。

翌日の東京新聞で見ると、四月二十日《はつか》以来の最大の爆発で噴煙が六里の高さにのぼったとあるが、これは信じられない。素人《しろうと》のゴシップをそのままに伝えたいつもの新聞のうそであろう。この日の降灰は風向の北がかっていたために御代田《みよた》や小諸《こもろ》方面に降ったそうで、これは全く珍しいことであった。

当時北軽井沢《きたかるいざわ》で目撃した人々の話では、噴煙がよく見え、岩塊のふき上げられるのもいくつか認められまた煙柱をつづる放電現象も明瞭《めいりょう》に見られたそうである。爆音も相当に強く明瞭に聞かれ、その音の性質は自分が八月四日に千《せん》が滝《たき》で聞いたものとほぼ同種のものであったらしい。噴煙の達した高さは目撃者の仰角の記憶と山への距離とから判断してやはり約十キロメートル程度であったものと推算される。おもしろいことには、噴出の始まったころは火山の頂をおおっていた雲がまもなく消散して山頂がはっきり見えて来たそうである。偶然の一致かもしれないが爆発の影響とも考えられないことはない。今後注意すべき現象の一つであろう。

グリーンホテルではこの日の爆音は八月四日のに比べて比較にならぬほど弱くて気のつかなかった人も多かったそうである。

火山の爆音の異常伝播《いじょうでんぱ》については大森《おおもり》博士の調査以来藤原《ふじわら》博士の理論的研究をはじめとして内外学者の詳しい研究がいろいろあるが、しかし、こんなに火山に近い小区域で、こんなに音の強度に異同のあるのはむしろ意外に思われた。ここにも未来の学者に残された問題がありそうに思われる。

この日峰《みね》の茶屋《ちやや》近くで採集した降灰の標本というのを植物学者のK氏に見せてもらった。霧の中を降って来たそうで、みんなぐしょぐしょにぬれていた。そのせいか、八月四日の降灰のような特異な海綿状の灰の被覆物は見られなかった。あるいは時によって降灰の構造がちがうのかもしれないと思われた。

翌十八日午後峰の茶屋からグリーンホテルへおりる専用道路を歩いていたらきわめてかすかな灰が降って来た。降るのは見えないが時々目の中にはいって刺激するので気がついた。子供の服の白い襟《えり》にかすかな灰色の斑点《はんてん》を示すくらいのもので心核の石粒などは見えなかった。

ひと口に降灰とは言っても降る時と場所とでこんなにいろいろの形態の変化を示すのである。軽井沢《かるいざわ》一帯を一メートル以上の厚さにおおっているあの豌豆大《えんどうだい》の軽石の粒も普通の記録ではやはり降灰の一種と呼ばれるであろう。

毎回の爆発でも単にその全エネルギーに差等があるばかりでなく、その爆発の型にもかなりいろいろな差別があるらしい。しかしそれが新聞に限らず世人の言葉ではみんなただの「爆発」になってしまう。言葉というものは全く調法なものであるがまた一方から考えると実にたよりないものである。「人殺し」「心中」などでも同様である。

しかし、火山の爆発だけは、今にもう少し火山に関する研究が進んだら爆発の型と等級の分類ができて、きょうのはA型第三級とかきのうのはB型第五級とかいう記載ができるようになる見込みがある。

S型三六号の心中やP型二四七号の人殺しが新聞で報ぜられる時代も来ないとは限らないが、その時代における「文学」がどんなものになるであろうかを想像することは困難である。

少なくも現代の雑誌の「創作欄」を飾っているようなあたまの粗雑さを成立条件とする種類の文学はなくなるかもしれないという気がする。（昭和十〔一九三五〕年十一月）

震災日記より

大正十二〔一九二三〕年八月二十四日　曇、後驟雨《しゅうう》

子供等と志村《しむら》の家へ行った。崖下の田圃《たんぼ》路《みち》で南蛮ぎせるという寄生植物を沢山採集した。加藤首相痼疾《こしつ》急変して薨去《こうきょ》。

八月二十五日　晴

日本橋で散弾二斤《きん》買う。ランプの台に入れるため。

八月二十六日　曇、夕方雷雨

月蝕《げっしょく》雨で見えず。夕方珍しい電光 Rocket lightning が西から天頂へかけての空に見えた。丁度紙テープを投げるように西から東へ延びて行くのであった。一同で見物する。この歳になるまでこんなお光りは見たことがないと母上が云う。

八月二十七日　晴
志村の家で泊る。珍しい日本晴。旧暦十六夜《いざよい》の月が赤く森から出る。

八月二十八日　晴、驟雨
朝霧が深く地を這う。草刈。百舌《もず》が来たが鳴かず。夕方の汽車で帰る頃、雷雨の先端が来た。加藤首相葬儀。

八月二十九日　曇、午後雷雨
午前気象台で藤原君の渦や雲の写真を見る。

八月三十日　晴
妻と志村の家へ行きスケッチ板一枚描く。

九月一日　（土曜）

朝はしけ模様で時々暴雨が襲って来た。非常な強度で降っていると思うと、まるで断ち切ったようにぱたりと止む、そうかと思うとまた急に降り出す実に珍しい断続的な降り方であった。雑誌『文化生活』への原稿「石油ランプ」を書き上げた。雨が収まったので上野二科会展招待日の見物に行く。会場に入ったのが十時半頃。蒸暑かった。フランス展の影響が著しく眼についた。T君と喫茶店で紅茶を呑みながら同君の出品画「I崎の女」に対するそのモデルの良人《おっと》からの撤回要求問題の話を聞いているうちに急激な地震を感じた。

椅子に腰かけている両足の蹠《うら》を下から木槌《きづち》で急速に乱打するように感じた。多分その前に来たはずの弱い初期微動を気が付かずに直ちに主要動を感じたのだろうという気がして、それにしても妙に短週期の振動だと思っているうちにいよいよ本当の主要動が急激に襲って来た。同時に、これは自分の全く経験のない異常の大地震であると知った。その瞬間に子供の時から何度となく母上に聞かされていた土佐の安政地震の話がありあり想い出され、丁度船に乗ったように、ゆたりゆたり揺れるという形容が適切である事を感じた。

仰向《あおむ》いて会場の建築の揺れ工合を注意して見ると四、五秒ほどと思われる長い週期でみし〳〵みし〳〵と音を立てながら緩やかに揺れていた。それを見たときこれならこの建物は大丈夫だということが直感されたので恐ろしいという感じはすぐになくなってしまった。そうして、この珍しい強震の振動の経過を出来るだけ精《くわ》しく観察しようと思って骨を折っていた。

主要動が始まってびっくりしてから数秒後に一時振動が衰え、この分では大した事もないと思う頃にもう一度急激な、最初にも増した烈しい波が来て、二度目にびっくりさせられたが、それからは次第に減衰して長週期の波ばかりになった。

同じ食卓にいた人々は大抵最初の最大主要動で吾勝ちに立上がって出口の方へ駆出して行ったが、自分等の筋向いにいた中年の夫婦はその時はまだ立たなかった。しかもその夫人がビフテキを食っていたのが、少なくも見たところ平然と肉片を口に運んでいたのがハッキリ印象に残っている。しかし二度目の最大動が来たときは一人残らず出てしまって場内はがらんとしてしまった。油画《あぶらえ》の額はゆがんだり、落ちたりしたのもあったが大抵はちゃんとして懸かっているようであった。これで見ても、そうこの建物の震動は激烈なものでなかったことがわかる。あとで考えてみると、これは建物の自己週期が著しく長いことが有利であったのであろうと思われる。

震動が衰えてから外の様子を見に出ようと思ったが喫茶店のボーイも一人残らず出てしまって誰も居ないので勘定をすることが出来ない。それで勘定場近くの便所の口へ出て低い木柵越しに外を見ると、そこに一団、かしこに一団という風に人間が寄集まって茫然《ぼうぜん》として空を眺めている。この便所口から柵を越えて逃げ出した人々らしい。空はもう半ば晴れていたが千切《ちぎ》れ千切れの綿雲が嵐の時のように飛んでいた。そのうちにボーイの一人が帰って来たので勘定をすませた。ボーイがひどく丁寧に礼を云ったように記憶する。

出口へ出るとそこでは下足番の婆さんがただ一人落ち散らばった履物《はきもの》の整理をしているのを見付けて、預けた蝙蝠傘《こうもりがさ》を出してもらって館の裏手の集団の中からT画伯を捜しあてた。同君の二人の子供も一緒に居た。その時気のついたのは附近の大木の枯枝の大きなのが折れて墜ちている。地震のために折れ落ちたのかそれとも今朝の暴風雨で折れたのか分らない。T君に別れて東照宮前の方へ歩いて来ると異様な黴臭《かびくさ》い匂が鼻を突いた。空を仰ぐと下谷《したや》の方面からひどい土ほこりが飛んで来るのが見える。これは非常に多数の家屋が倒潰《とうかい》したのだと思った。同時に、これでは東京中が火になるかもしれないと直感された。

東照宮前から境内を覗《のぞ》くと石燈籠は一つ残らず象棋《しょうぎ》倒しに北の方へ倒れている。大鳥居の柱は立っているが上の横桁《よこげた》が外《はず》れかかり、しかも落ちないで危うく止まっているのであった。精養軒のボーイ達が大きな桜の根元に寄集まっていた。大仏の首の落ちた事は後で知ったがその時は少しも気が付かなかった。池の方へ下りる坂脇の稲荷の鳥居も、柱が立って桁が落ち砕けていた。坂を下りて見ると不忍弁天《しのばずべんてん》の社務所が池の方へのめるように倒れかかっているのを見て、なるほどこれは大地震だなということがようやくはっきり呑込めて来た。

無事な日の続いているうちに突然に起った著しい変化を充分にリアライズするには存外手数が掛かる。この日は二科会を見てから日本橋辺へ出て昼飯を食うつもりで出掛けたのであったが、あの地震を体験し下谷の方から吹上げて来る土埃《つちほこ》りの臭を嗅《か》いで大火を予想し東照宮の石燈籠のあの象棋倒しを眼前に見ても、それでもまだ昼飯のプログラムは帳消しにならずそのままになっていた。しかし弁天社務所の倒潰を見たとき初めてこれはいけないと思った、そうして始めて我家の事が少し気懸りになって来た。

弁天の前に電車が一台停まったまま動きそうもない。車掌に聞いてもいつ動き出すか分らないという。後から考えるとこんなことを聞くのが如何な非常識であったかがよく分るのであるが、その当時自分と同様の質問を車掌に持出した市民の数は万をもって数えられるであろう。

動物園裏まで来ると道路の真中へ畳を持出してその上に病人をねかせているのがあった。人通りのない町はひっそりしていた。根津を抜けて帰るつもりであったが頻繁に襲って来る余震で煉瓦壁の頽《くず》れかかったのがあらたに倒れたりするのを見て低湿地の街路は危険だと思ったから谷中三崎町《やなかみさきちょう》〔台東区谷中〕から団子坂へ向かった。谷中の狭い町の両側に倒れかかった家もあった。塩煎餅屋《しおせんべいや》の取散らされた店先に烈日の光がさしていたのが心を引いた。

団子坂を上って千駄木《せんだぎ》へ来るともう倒れかかった家などは一軒もなくて、所々ただ瓦の一部分剝がれた家があるだけであった。曙町〔文京区本駒込〕へはいると、ちょっと見たところではほとんど何事も起らなかったかのように森閑《しんかん》として、春のように朗らかな日光が門並《かどなみ》を照らしている。宅《うち》の玄関へはいると妻は箒《ほうき》を持って壁の隅々からこぼれ落ちた壁土を掃除しているところであった。隣の家の前の煉瓦塀はすっかり道路へ崩れ落ち、隣と宅の境の石垣も全部、これは宅の方へ倒れている。もし裏庭へ出ていたら危険なわけであった。

聞いてみるとかなりひどいゆれ方で居間の唐紙《からかみ》がすっかり倒れ、猫が驚いて庭へ飛出したが、我家の人々は飛出さなかった。これは平生幾度となく家族に云い含めてあったことの効果があったのだという ような気がした。ピアノが台の下の小滑車で少しばかり歩き出しており、花瓶台の上の花瓶が板間にころがり落ちたのが不思議に砕けないでちゃんとしていた。あとは瓦が数枚落ちたのと壁に亀裂が入ったくらいのものであった。長男が中学校の始業日で本所《ほんじょ》の果てまで行っていたのだが地震のときはもう帰宅していた。それで、時々の余震はあっても、その余は平日と何も変ったことがないような気がして、ついさきに東京中が火になるだろうと考えたことなどは綺麗に忘れていたのであった。

そのうちに助手の西田君が来て大学の医化学教室が火事だが理学部は無事だという。N君が来る。隣のTM教授が来て市中所々出火だという。縁側から見ると南の空に珍しい積雲《せきうん》が盛り上がっている。それは普通の積雲とは全くちがって、先年桜島大噴火の際の噴雲を写真で見るのと同じように典型的のいわゆるコーリフラワー状のものであった。よほど盛んな火災のために生じたものと直感された。この雲の上には実に東京ではめったに見られない紺青《こんじょう》の秋の空が澄み切って、じりじり暑い残暑の日光が無風の庭の葉鶏頭《はげいとう》に輝いているのであった。そうして電車の音も止まり近所の大工の音も止み、世間がしんとして実に静寂な感じがしたのであった。

夕方藤田君が来て、図書館と法文科も全焼、山上集会所も本部も焼け、理学部では木造の数学教室が焼けたと云う。夕食後E君と白山《はくさん》へ行って蠟燭《ろうそく》を買って来る。TM氏が来て大学の様子を知らせてくれた。夜になってから大学へ様子を見に行く。図書館の書庫の中の燃えているさまが窓外からよく見えた。一晩中くらいはかかって燃えそうに見えた。普通の火事ならば大勢の人が集まっているであろうに、あたりには人影もなくただ野良犬が一匹そこいらにうろうろしていた。

メートルとキログラムの副原器を収めた小屋の木造の屋根が燃えているのを三人掛りで消していたが耐火構造の室内は大丈夫と思われた。それにしても屋上にこんな燃草をわざわざ載せたのは愚かな設計であった。物理教室の窓枠の一つに飛火が付いて燃えかけたのを秋山、小沢両理学士が消していた。バケツ一つだけで弥生町《やよいちょう》門外の井戸まで汲みに行ってはぶっかけているのであった。これも捨てておけば建物全体が焼けてしまったであろう。十一時頃帰る途中の電車通りは露宿者で一杯であった。火事で真紅に染まった雲の上には青い月が照らしていた。

九月二日　曇

朝大学へ行って破損の状況を見廻ってから、本郷通りを湯島五丁目辺まで行くと、綺麗に焼払われた湯島台の起伏した地形が一目に見え上野の森が思いもかけない近くに見えた。兵燹《へいせん》という文字が頭に浮んだ。また江戸以前のこの辺の景色も想像されるのであった。電線がかたまりこんがらがって道を塞ぎ焼けた電車の骸骨が立往生していた。土蔵もみんな焼け、所々煉瓦塀の残骸が交じっている。焦げた樹木の梢がそのまま真白に灰をかぶっているのもある。明神前の交番と自働電話だけが奇蹟のように焼けずに残っている。

松住町まで行くと浅草下谷方面はまだ一面に燃えていて黒煙と焔の海である。煙が暑く咽《むせ》っぽく眼に滲《し》みて進めない。その煙の奥の方から本郷の方へと陸続と避難して来る人々の中には顔も両手も火膨《ひぶく》れのしたのを左右二人で肩に凭《もた》らせ引きずるようにして連れて来るのがある。そうかと思うとまた反対に向うへ行く人々の中には写真機を下げて遠足にでも行くような呑気《のんき》そうな様子の人もあった。

浅草の親戚を見舞うことは断念して松住町から御茶の水の方へ上がって行くと、女子高等師範の庭は杏雲堂《きょううんどう》病院の避難所になっていると立札が読まれる。御茶の水橋は中程の両側が少し崩れただけで残っていたが駿河台《するがだい》は全部焦土であった。明治大学前に黒焦の死体がころがっていて一枚の焼けたトタン板が被せてあった。神保町《じんぼうちょう》から一ツ橋まで来て見ると気象台も大部分は焼けたらしいが官舎が不思議に残っているのが石垣越しに見える。橋に火がついて燃えているので巡査が張番していて人を通さない。自転車が一台飛んで来て制止にかまわず突切って渡って行った。

堀に沿うて牛《うし》が淵《ふち》まで行って道端で憩《いこ》うていると前を避難者が引切《ひっき》りなしに通る。実に色んな人が通る。五十恰好の女が一人大きな犬を一匹背中におぶって行く、風呂敷包一つ持っていない。浴衣《ゆかた》が泥水でも浴びたかのように黄色く染まっている。多勢の人が見ているのも無関心のようにわき見もしないで急いで行く。若い男で大きな蓮の葉を頭にかぶって上から手拭でしばっているのがある。それからまた氷袋に水を入れたのを頭にぶら下げて歩きながら、時々その水を煽《あお》っているのもある。と、土方《どかた》風の男が一人縄で何かガラガラ引きずりながら引っぱって来るのを見ると、一枚の焼けトタンの上に二尺角くらいの氷塊をのっけたのを何となく得意げに引きずって行くのであった。そうした行列の中を一台立派な高級自動車が人の流れに堰かれながらいるのを見ると、車の中には多分掛物でも入っているらしい桐の箱が一杯に積込まれて、その中にうずまるように一人の男が腰をかけてあたりを見廻していた。

　帰宅してみたら焼け出された浅草の親戚のものが十三人避難して来ていた。いずれも何一つ持出すひまもなく、昨夜上野公園で露宿していたら巡査が来て○○人の放火者が徘徊《はいかい》するから注意しろと云ったそうだ。井戸に毒を入れるとか、爆弾を投げるとかさまざまな浮説が聞こえて来る。こんな場末の町へまでも荒して歩くためには一体何千キロの毒薬、何万キロの爆弾が入《い》るであろうか、そういう目の子勘定だけからでも自分にはその話は信ぜられなかった。

　夕方に駒込の通りへ出て見ると、避難者の群が陸続と滝野川の方へ流れて行く。表通りの店屋などでも荷物を纏《まと》めて立退用意をしている。帰ってみると、近所でも家を引払ったのがあるという。上野方面の火事がこの辺まで焼けて来ようとは思われなかったが万一の場合の避難の心構えだけはした。

　さて避難しようとして考えてみると、どうしても持出さなければならないような物はほとんど無かった。ただ自分の描き集めた若干の油絵だけがちょっと惜しいような気がしたのと、人から預かっていたローマ字書きの書物の原稿に責任を感じたくらいである。妻が三毛猫だけ連れてもう一匹の玉の方は置いて行こうと云ったら、子供等がどうしても連れて行くと云ってバスケットかなんかを用意していた。

九月三日　（月曜）　曇後雨

朝九時頃から長男を板橋へやり、三代吉を頼んで白米、野菜、塩などを送らせるようにする。自分は大学へ出かけた。追分の通りの片側を田舎へ避難する人が引切《ひっき》りなしに通った。反対の側はまだ避難していた人が帰って来るのや、田舎から入り込んで来るのが反対の流れをなしている。呑気そうな顔をしている人もあるが見ただけでずいぶん悲惨な感じのする人もある。負傷した片足を引きずり引きずり杖にすがって行く若者の顔にはどこへ行くというあてもないらしい絶望の色があった。夫婦して小さな台車に病人らしい老母を載せて引いて行く、病人が塵埃《じんあい》で真黒になった顔を俯向《うつむ》けている。

帰りに追分辺でミルクの缶やせんべい、ビスケットなど買った。焼けた区域に接近した方面のあらゆる食料品屋の店先はからっぽになっていた。そうした食料品の欠乏が漸次に波及して行く様が歴然とわかった。帰ってから用心に鰹節《かつおぶし》、梅干、缶詰、片栗粉などを近所へ買いにやる。何だか悪い事をするような気がするが、二十余人の口を託されているのだからやむを得ないと思った。午後四時にはもう三代吉の父親の辰五郎が白米、薩摩芋、大根、茄子《なす》、醬油、砂糖など車に積んで持って来たので少し安心する事が出来た。しかしまたこの場合に、台所から一車もの食料品を持込むのはかなり気の引けることであった。

E君に青山の小宮君の留守宅の様子を見に行ってもらった。帰っての話によると、地震の時長男が二階に居たら書棚が倒れて出口をふさいだので心配した、それだけで別に異状はなかったそうである、その後は邸前の処に避難していたそうである。

夜警で一緒になった人で地震当時前橋に行っていた人の話によると、一日の夜の東京の火事は丁度火柱のように見えたので大島の噴火でないかという噂があったそうである。（昭和十〔一九三五〕年十月）

函館の大火について

昭和九〔一九三四〕年三月二十一日の夕から翌朝へかけて函館《はこだて》市に大火があって二万数千戸を焼き払い二千人に近い死者を生じた。実に珍しい大火である。そうしてこれが昭和九年の大日本の都市に起こったということが実にいっそう珍しいことなのである。

徳川時代の江戸には大火が名物であった。振袖火事《ふりそでかじ》として知られた明暦の大火〔一六五七〕は言うまでもなく、明和九〔一七七二〕年二月二十九日の午《ひる》ごろ目黒行人坂大円寺《めぐろぎょうにんざかだいえんじ》から起こった火事はおりからの南西風に乗じて芝桜田《しばさくらだ》から今の丸の内《まるのうち》を焼いて神田下谷浅草《かんだしたやあさくさ》と焼けつづけ、とうとう千住《せんじゅ》までも焼け抜けて、なおその火の支流は本郷《ほんごう》から巣鴨《すがも》にも延長し、また一方の逆流は今の日本橋区《にほんばしく》の目抜きの場所を曠野《こうや》にした。

これは焼失区域のだいたいの長さから言って今度の函館のそれの三倍以上であった。

た。これは西暦一七七二年の出来事で今から百六十二年の昔の話である。当時江戸の消防機関は長い間の苦《にが》い経験で教育され訓練されてかなりに発達してはいたであろうが、ともかくも日本にまだ科学と名のつくもののなかった昔の災害であったのである。

関東震災に踵《くびす》を次いで起こった大正十二（一九二三）年九月一日から三日にわたる大火災は明暦の大火に肩を比べるものであった。あの一九二三年の地震によって発生した直接の損害は副産物として生じた火災の損害に比べればむしろ軽少なものであったと言われている。

あの時の火災がどうしてあれほどに暴威をほしいままにしたかについてはもとよりいろいろの原因があった。一つには水道が止まった上に、出火の箇所が多数に一時に発生して消防機関が間に合わなかったのは事実である。また一つには東京市民が明治以来のいわゆる文明開化中毒のために徳川時代に多大の犠牲を払って修得した火事教育をきれいに忘れてしまって、消防の事は警察の手にさえ任せておけばそれで永久に安心であると思い込み、警察のほうでもまたそうとばかり信じ切っていたために市民の手からその防火の能力を没収してしまった。そのために焼かずとも済むものまでも焼けるに任せた、という傾向のあったのもやはり事実である。

しかしそれらの直接の原因の根本に横たわる重大な原因は、ああいう地震が可能であるという事実を日本人の大部分がきれいに忘れてしまっていたということに帰すべきであろう。むしろ、人間というものが、そういうふうに驚くべく忘れっぽい健忘性な存在として創造されたという、悲しいがいかんともすることのできない自然科学的事実に基づくものであろう。

*

今回の函館《はこだて》の大火はいかにして成立し得たか、これについていくらかでも正鵠《せいこく》に近い考察をするためには今のところ信ずべき資料があまりに僅少《きんしょう》である。新聞記事は例によってまちまちであって、感傷をそそる情的資料は豊富でも考察に必要な正確な物的資料は乏しいのであるが、内務省警保局発表と称する新聞記事によると発火地点や時刻や延焼区域のきわめてだいたいの状況を知ることはできるようである。

まず何よりもこの大火を大火ならしめた重要な直接原因は当時日本海からオホツク海に駆け抜けた低気圧のしわざに帰せなければならない。天気図によると二十一日午前六時にはかなりな低気圧の目玉が日本海の中央に陣取っていて、これからしっぽを引いた不連続線は中国から豊後水道《ぶんごすいどう》のあたりを通って太平洋上に消えている。こういう天候で、もし降雨を伴なわないと全国的に火事や山火事の頻度《ひんど》が多くなるのであるが、この日は幸いに雨気雪気が勝っていたために本州四国九州いずれも無事であった。

ところが午後六時にはこの低気圧はさらに深度を強めて北上し、ちょうど札幌《さっぽろ》の真西あたりの見当の日本海のまん中に来てその威力をたくましくしていた。そのために東北地方から北海道南部は一般に南西がかった雪交じりの烈風が吹きつのり、函館《はこだて》では南々西秒速十余メートルの烈風が報ぜられている。この時に当たってである、実に函館全市を焼き払うためにおよそ考え得らるべき最適当の地点と思われる最風上の谷《や》地頭町《ちがしらまち》から最初の火の手が上がったのである。

＊

古来の大火の顚末《てんまつ》を調べてみるといずれの場合でも同様な運命ののろいがある。明暦三〔一六五七〕年の振袖火事《ふりそでかじ》では、毎日のように吹き続く北西気候風に乗じて江戸の大部分を焼き払うにはいかにすべきかを慎重に考究した結果ででもあるように本《ほん》郷《ごう》、小石川《こいしかわ》、麴町《こうじまち》の三か所に相次いで三度に火を発している。由井正雪《ゆいしょうせつ》の残党が放火したのだという流言が行なわれたのももっともな次第である。

明和九〔一七七二〕年の行人坂《ぎょうにんざか》の火事には南西風に乗じて江戸を縦に焼き抜くために最好適地と考えられる目黒の一地点に乞食坊主《こじきぼうず》の真秀《しんしゅう》が放火したのである。しかし、それはもちろんだれが計画したわけでもなく、偶然そういう「大火の成立条件」がそろったために必然的に大火が成立し、それがためにこそ稀有《けう》の大火として歴史に残っているに過ぎないのである。同様に現在の函館《はこだて》の場合においても偶然にも運悪くこの条件が具備していたために歴史的な大火災ができあがったに相違ないのである。

江戸の火災の焼失区域を調べてみると、相応な風のあった場合にはほとんどきまって火元を「かなめ」として末広がりに、半開きの扇形に延焼している。これは理論上からも予期される事であり、またたとえば実験室において油をしみ込ませた石綿板の一点に放火して、電扇の風であおぐという実験をやってみてもわかることである。風速の強いときほど概してこの扇形の頂角が小さくなるのが普通で、極端な例として享保年間〔一七一六～一七三六〕のある火事は麴町《こうじまち》から発火して品川沖《しながわおき》へまで焼け抜けたが、その焼失区域は横幅の平均わずかに一、二町〔約一〇九～二一八メートル〕ぐらいで、まるで一直線の帯のような格好になっている。

風がもっともっと強くなればすべての火事はほんとうに「吹き消される」はずである。しかし江戸大火の例で見ると、この焼失区域の扇形の頂角はざっと六十度から三十度の程度である。明暦大火の場合はかなりの烈風でおそらく十メートル以上の秒速であったと思われる根拠があるが、その時のこの頂角がだいたいにおいて、今度の函《はこ》館《だて》の火元から焼失区域の外郭に接して引いた二つの直線のなす角に等しい。そうしてこの頂角を二等分する線の方向がほぼ発火当時の風向に近いのである。これはなんという不幸な運命の悪戯であろう。詳しく言えば、この日この火元から発した火によって必然焼かれうべき扇形の上にあたかも切ってはめたかのように函館全市が横たわっていたのである。

＊

二十二日午前六時には低気圧中心はもうオホック海に進出して邦領カラフトの東に位し、そのために東北地方から北海道南部はいずれもほとんど真西の風となっている。それで発火後風向はだんだんに南々西から西へ西へと回転して行ったに相違ない。このことがまた実に延焼区域を増大せしめるためにまるであつらえたかのように適応しているのである。

もしも最初の南々西の風が発火後その方向を持続しながら風速を増大したのであったらおそらく火流は停車場付近を右翼の限界として海へ抜けてしまったであろうと思われるのが、不幸にも次第に西へ回った風の転向のために火流の針路が五稜郭《ごりょうかく》の方面に向けられ、そのためにいっそう災害を大きくしたのではないかと想像される。この気象学者には予測さるべき風向の旋転のために死なずともよい多数の人が死んだのである。

火災中にしばしば風向が変わったと報ぜられているがこれは大火には必然な局部的随伴現象であって現場にいる人にとっては重大な意義をもつものであるが、延焼区域の大勢を支配するものではないから、上記の推測に影響を及ぼす性質のものではないと思われる。

要するに当時の気象状態と火元の位置とのコンビネーションは、考え得らるべき最悪のものであったことは疑いもない事実である。

函館《はこだて》市は従来しばしば大火に見舞われた苦《にが》い経験から自然に消防機関の発達を促され、その点においては全国中でも優秀な設備を誇っていたと称せられているのであるが、それにもかかわらず今日のような惨禍のできあがったというのは、一つには上記のごとき不幸な偶然の回り合わせによるものであるには相違ない。おそらくそのほかにもいろいろ平生の火災とはちがった意外な事情が重なり合って、それでこそあのような稀有《けう》の大火となってしまったであろうと想像される。

＊

だれも知るとおり火事の大小は最初の五分間できまると言われている。近ごろの東京で冬期かなりの烈風の日に発火してもいっこうに大火にならないのは消火着手の迅速なことによるらしい。しかし現在の東京でもなんらか「異常な事情」のためにほんの少しばかり消防が手おくれになって、そのために誤ってある程度以上に火流の前線を郭大せしめ、そうしてそれを十余メートルの烈風があおり立てたとしたら、現在の消防設備をもってしても、またたいていの広い火よけ街路の空間をもってしてもはたして防ぎ止められるかどうかははなはだ疑わしい。幸いに大雨でも降り出すか、あるいは川か海か野へでも焼け抜けてしまわない限り鎮火することは到底困難であろうと考えられる。

それで函館の場合にも必ず何かしら異常な事情の存在したために最初の五分間に間に合わなかったのではないかと想像しないわけにはゆかないのである。しかしどんな事情があったかを判断すべき材料は今のところ一つもない。いろいろの怪しいうわさはあるがにわかに信用することはできない。しかしそういうことを今詮索《せんさく》するのはもとより自分の任でもなんでもない。ただ自分は今回の惨禍からわれわれが何事を学ぶべきかについていくらかでも考察し、そうして将来の禍根をいくらかでも軽減するための参考資料にしたいと思うのである。

あんなにも痛ましくたくさんの死者を出したのは一つには市街が狭い地峡の上にあって逃げ道を海によって遮断《しやだん》せられ、しかも飛び火のためにあちらこちらと同時に燃え出し、その上に風向旋転のために避難者の見当がつかなかったことなども重要な理由には相違ないが、何よりも函館《はこだて》市民のだれもが、よもやあのような大火が今の世にあり得ようとは夢にも考えなかったということにすべての惨禍の根本的の原因があるように思われるのである。

もう一歩根本的に考えてみると畢竟《ひつきよう》わが国において火災特に大火災というものに関する科学的基礎的の研究がほとんどまるきりできていないということが究竟《きゆうきよう》の原因であると思われる。そうして、この根本原因の存続する限りは、将来いつなんどきでも適当な必要条件が具足《ぐそく》しさえすれば、東京でもどこでも今回の函館以上の大火を生ずることは決して不可能ではないのである。そういう場合、いかに常時の小火災に対する消防設備が完成していてもなんの役にも立つはずはない。それどころか五分十分以内に消し止める設備が完成すればするほど、万一の異常の条件によって生じた大火に対する研究はかえって忘れられる傾向がある。火事にも限らず、これで安心と思うときにすべての禍《わざわ》いの種が生まれるのである。

＊

火事は地震や雷のような自然現象でもなく「おやじ」やむすこのような自由意志を備えた存在でもなく、主としてセリュローズ〔セルロース〕と称する物質が空気中で燃焼する物理学的化学的現象であって、そうして九九プロセント〔パーセント〕までは人間自身の不注意から起こるものであるというのは周知の事実である。しかし、それだから火事は不可抗力でもなんでもないという説は必ずしも穏当ではない。なぜと言えば人間が「過失の動物」であるということは、統計的に見ても動かし難い天然自然の事実であるからである。しかしまた一方でこの過失は、適当なる統制方法によってある程度まで軽減し得られるというのもまた疑いのない事実である。

それで火災を軽減するには、一方では人間の過失を軽減する統制方法を講究し実施すると同時に、また一方では火災伝播《でんぱ》に関する基礎的な科学的研究を遂行し、その結果を実地に応用して消火の方法を研究することが必要である。

もちろん従来でも一部の人士の間では消防に関する研究がいろいろ行なわれており、また一方では防火に関する宣伝につとめている向きも決して少なくはないようであるが、それらの研究はまだ決して徹底的とは言い難く、宣伝の効果もはなはだ薄弱であると思われる。

消防当局のほうでもたとえばポンプや梯子《はしご》の改良とか、筒先の扱い方、消し口の駆け引きといったようなことはかなり詳しく論ぜられていても、まだまだだいじないろいろの基礎的問題がたくさんに未研究のままで取り残されているのである。たとえば今回のような大火災の場合に当たって、火流前線がどれだけ以上になった場合に、どれだけの風速どの風向ではどの方向にどこまで焼けるかという予測が明確にでき、また気象観測の結果から風向旋転の順位が相当たしかに予測され、そうして出火当初に消防方針を定めまた市民に避難の経路を指導することができたとしたらおそらく、あれほどの大火には至らず、また少なくもあんなに多くの死人は出さずに済んだであろうと想像される。こういうことはあらかじめ充分に研究さえすれば決して不可能なことではないのである。

それからまた不幸にして最初の消防が失敗しすでにもう大火と名のつく程度になってしまってしかも三十メートルの風速で注水が霧吹きのように飛散して用をなさないというような場合に、いかにして火勢を、食い止めないまでも次第に鎮圧すべきかということでも、現代科学の精髄を集めた上で一生懸命研究すれば決して絶対に不可能なことではないであろう。

＊

現代日本人の科学に対する態度ほど不可思議なものはない。一方において科学の効果がむしろ滑稽《こっけい》なる程度にまで買いかぶられているかと思うと、一方ではまた了解のできないほどに科学の能力が見くびられているのである。火災防止のごときは実に後者の適例の一つである。おそらく世界第一の火災国たる日本の消防がほとんど全く科学的素養に乏しい消防機関の手にゆだねられ、そうして、いちばん肝心な基礎科学はかえって無用の長物ででもあるように火事場からはいっさい疎外されているのである。

わが国で年々火災のために灰と煙になってしまう動産不動産の価格は実に二億円を

超過している。年々火災のために生ずる死者の数は約二千人と見積もられている。十年たてば二十億円の金と二万人の命の損失である。関東震災の損害がいかに大きくてもそれは八十年か百年かに一回の出来事であるとすれば、これを年々根気よくこくめいに持続し繰り返す火事の災害に比すれば、長年の統計から見てはかえってそれほどのものではないと言われよう。

年に二千人と言えば全国的に見て僅少《きんしょう》かもしれないが、それでも天然痘や猖紅熱《しょうこうねつ》で死ぬ人の数よりは多い。また年二億円の損失は日本の世帯から見て非常に大きいとは言われないかもしれないが、それでも輸入超過年額の幾割かに当たり、国防費の何十プロセントにはなりうる。

これほどの損害であるのに一般世間はもちろんのこと、為政の要路に当たる人々の大多数もこれについてほとんど全く無感覚であるかのように見えるのはいったいどういうわけであるか、実に不思議なようにも思われるのである。議会などでわずかばかりの予算の差額が問題になったり、またわずかな金のためにおおぜいの官吏の首を切ったり俸給《ほうきゅう》を減らしたりするのも結構であるが、この火災による損失をいくぶんでも軽減することもたまには講究したらどんなものであろうかと思われる。この損失は全然無くすることは困難であるとしても半分なり三分の一なりに減少することは決して不可能ではないのである。

火災による国家の損失を軽減してもなるほど直接現金は浮かび上がっては来ない。むしろかえって火災は金の動きの一つの原因とはなりうるかもしれない。このことが火災の損害に対する一般の無関心を説明する一つの要項であるには相違ないのであるが、しかしともかくも日本の国の富が年々二億円ずつ煙と灰になって消失しつつある事実を平気で見過ごすということは少なくも為政の要路に立つ人々の立場としてはあまりに申し訳のないことではないかと思われるのである。

＊

文明を誇る日本帝国には国民の安寧を脅かす各種の災害に対して、それぞれ専門の研究所を設けている。健康保全に関するものでは伝染病研究所や癌《がん》研究所のようなもの、それから衛生試験所とか栄養研究所のようなものもある。地震に関しては大学地震研究所をはじめ中央気象台の一部にもその研究をつかさどるところがある。暴風や雷雨に対しては中央気象台に研究予報の機関が完備している。これらの設備の中にはいずれも最高の科学の精鋭を集めた基礎的研究機関を具備しているのである。しかるにまだ日本のどこにも一つの理化学的火災研究所のある話を聞いた覚えがないのである。

もちろん警視庁には消防部があって、そこでは消防設備方法に関する直接の講究練習に努力しておられることは事実であるが、ここでいわゆる火災研究とはそういうものではなくて、火災という一つの理化学的現象を純粋な基礎科学的な立場から根本的徹底的に研究する科学的研究をさしていうのである。

研究すべき問題は無数にある。発火の原因となるべき化学的物理学的現象の研究だけでもたくさんの問題が未解決のまま残されている。たとえばつい近ごろアメリカで、巻き煙草《たばこ》の吸いがらから火事の卵のできる比率条件について実験的研究を行なった結果の報告が発表されていた。しかしその結果が気候を異にする日本にどこまで適用されうるかについてはだれも知らない。またたとえばガソリンが地上にこぼれたときいかなる気象条件のもとにいかなる方向にいかなる距離で引火の危険率が何プロセントであるかというようなことすらだれもまだ知らないことである。

火災延焼に関する方則も全然不明である。延焼を支配するものは当時の風向風速気温湿度等のみならず、過去の湿度の履歴効果も少なからず関係する。またその延焼区域の住民家屋の種類、密集の程度にもよることもちろんである。これらの支配因子が与えられた場合に、火災が自由に延焼するとすればいかなる速度でいかなる面積に広がるかという問題についてたしかな解答を与えることは現在において困難である。しかしこれとても研究さえすれば次第に判明すべき種類の事がらである。この基礎的の方則が判明しない限り大火に対する有効な消防方針の決定されるはずはないのである。

火災の基礎的研究には単に自然科学方面のみならず、また心理学的方面、社会学的方面にも広大な分野が存在する。たとえば東京市の近年の火災について少しばかり調べてみた結果でも、市民一人あての失火の比率とか、また失火を発見して即座に消し止める比率とか、そういう人間的因子が、たとえば京橋区《きょうばしく》日本橋区《にほんばしく》のごとき区域と浅草本所《あさくさほんじょ》のごとき区域とで顕著な区別のあることが発見されている。ともかくも、この種の研究を充分に進めた上で、消防署の配置や消火栓《しょうかせん》の分布を定めるのでなければ決して合理的とは言えないであろうと思われる。

これらの研究は化学者物理学者気象学者工学者はもちろん心理学者社会学者等の精鋭を集めてはじめて可能となるような難問題に当面するであろう。決して物ずきな少数学者の気まぐれな研究に任すべき性質のものでなく、消防吏員や保険会社の統計係の手にゆだねてそれで安心していられるようなものでもなく、国家の一機関として統制された研究所の研究室において徹底的系統的に研究さるべきものではないかと思われる。

＊

西洋では今どきもう日本のような木造家屋集団の火災は容易に見られない。従ってこれに対する研究もまれであるのは当然である。しかし、西洋に木造都市の火事の研究がないからと言って日本人がそれに気兼ねをして研究を遠慮するには当たらない。それは、英独には地震が少ないからと言って日本で地震研究を怠る必要のないと同様である。ノルウェーの理学者が北光《オーロラ》の研究で世界に覇《は》をとなえており、近ごろの日本の地震学者の研究はようやく欧米学界の注意を引きつつある。しかしそれでもまだ灸《きゅう》治《じ》の研究をする医学者の少ないのと同じような特殊の心理から火事の研究をする理学者が少ないとしたらそれは日本のためになげかわしいことであろう。

アメリカでは都市の大火はなくても森林火災が頻繁《ひんぱん》でその損害も多大である。そのために特別な科学的研究機関もあり、あまり理想的ではないまでもともかくも各種の研究が行なわれ、その結果はある程度まで有効に予防と消火の実際に応用されている。西部の森林地帯では「火事日和《かじびより》」なるものを指定して警報を発する設備もあるようである。

わが国でも毎年四、五月ごろは山火事のシーズンである。同じ一日じゅうに全国各地数十か所でほとんど同時に山火事を発することもそう珍しくはない。そういう時はたいていきまって著しい不連続線が日本海を縦断して次第に本州に迫って来る際であって同時に全国いったいに気温が急に高まって来るのが通例である。そういう時にたとえばラジオによって全国に火事注意の警報を発し、各村役場がそれを受け取った上でそれを山林地帯の住民に伝え、青年団や小学生の力をかりて一般の警戒を促すような方法でもとれば、それだけでもおそらく森林火災の損害を半減するくらいのことはできそうに思われる。

われわれ素人《しろうと》の考えではこのくらいのことはいつでもわけもなくできそうに思われるのに、実際はまだどこでもそういう方法の行なわれているという話を聞かない。そうして年々数千万円の樹林が炎となり灰となっていたずらにうさぎやたぬきを驚かしているのである。そうして国民の選良たる代議士でだれ一人として山火事に関する問題を口にする人はないようである。

数年前山火事に関する若干の調査をしたいと思い立って、目ぼしい山火事のあったときに自分の関係の某官衙《ぼうかんが》から公文書でその山火事のあった府県の官庁に掛け合って、その山火事の延焼の過程をできるだけ詳しく知らせてくれるように頼んでやったことがあった。

しかしその結果は予期に反する大失敗であって、どこからもなんらの具体的の報告が得られなかったばかりか、返事さえもよこしてくれない県が多かった。これはおそらく、どこでも単に「山火事があった」「何千町歩やけた」というくらいの大ざっぱなこと以上になんらの調査も研究もしていないということを物語るものであろうと思われた。ただささえ忙しい県庁のお役人様はこの上に山火事の調査まで仰せつかっては困ると言われるかもしれないが、しかしこれも日本のためだと思って、もう少しめんどうを見てもらいたいと思うのである。山が焼ければ間接には飛行機や軍艦が焼けたことになり、それだけ日本が貧乏になり国防が手薄になるのである。それだけ国民全体の負担は増す勘定である。

＊

いずれにしても今回のような大火は文化をもって誇る国家の恥辱であろうと思われる。昔の江戸でも火事の多いのが自慢の「花」ではなくて消防機関の活動が「花」であったのである。とにかくこのたびの災害を再びしないようにするためには単に北海道民のみならず日本全国民の覚醒《かくせい》を要するであろう。政府でも火災の軽減を講究する学術的機関を設ける必要のあることは前述のとおりであるが、民衆一般にももう少し火災に関する科学的知識を普及させるのが急務であろうと思われる。少なくもさし当たり小学校中等学校の教程中に適当なる形において火災学初歩のようなものを挿入《そうにゅう》したいものである。一方ではまたわが国の科学者がおりにふれてはそのいわゆるアカデミックな洞窟《どうくつ》をいでて火災現象の基礎科学的研究にも相当の注意を払うことを希望したいと思う次第である。

まさにこの稿を書きおわらんとしているきょう四月五日の夕刊を見るとこの日午前十時十六分函館《はこだて》西部から発火して七十一戸二十九棟《むね》を焼き、その際消防手一名焼死数名負傷、罹災者《りさいしゃ》四百名中先日の大火で焼け出され避難中の再罹災者七十名であると報ぜられている。

きのうあった事はきょうあり、きょうあった事はまたあすもありうるであろう。函館にあったことがまたいつ東京大阪《おおさか》にないとも限らぬ。考え得らるべき最悪の条件の組み合わせがあすにも突発しないとは限らないからである。同じ根本原因のある所に同じ結果がいつ発生しないと保証はできないのである。それで全国民は函館《はこだて》罹災民の焦眉《しょうび》の急を救うために応分の力を添えることを忘れないと同時に各自自身が同じ災禍にかからぬように覚悟をきめることがいっそう大切であろう。そうしてこのような災害を避けるためのあらゆる方法施設は火事というものの科学的研究にその基礎をおかなければならないという根本の第一義を忘却しないようにすることがいちばん肝要であろうと思われるのである。(昭和九〔一九三四〕年五月)

流言蜚語

長い管の中へ、水素と酸素とを適当な割合に混合したものを入れておく、そうしてその管の一端に近いところで、小さな電気の火花を瓦斯《ガス》の中で飛ばせる、するとその火花のところで始まった燃焼が、次へ次へと伝播《でんぱ》して行く、伝播の速度が急激に増加し、遂にいわゆる爆発の波となって、驚くべき速度で進行して行く。これはよく知られた事である。

ところが水素の混合の割合があまり少な過ぎるか、あるいは多過ぎると、たとえ火花を飛ばせても燃焼が起らない。尤《もっと》も火花のすぐそばでは、火花のために化学作用が起るが、そういう作用が、四方へ伝播しないで、そこ限りですんでしまう。

流言蜚語《りゅうげんひご》の伝播の状況には、前記の燃焼の伝播の状況と、形式の上から見て幾分か類似した点がある。

最初の火花に相当する流言の「源」がなければ、流言蜚語は成立しない事は勿論であるが、もしもそれを次へ次へと受け次ぎ取り次ぐべき媒質が存在しなければ「伝播」は起らない。従っていわゆる流言が流言として成立し得ないで、その場限りに立ち消えになってしまう事も明白である。

それで、もし、ある機会に、東京市中に、ある流言蜚語の現象が行われたとすれば、その責任の少なくも半分は市民自身が負わなければならない。事によるとその九割以上も負わなければならないかもしれない。何とならば、ある特別な機会には、流言の源となり得べき小さな火花が、故意にも偶然にも到る処に発生するという事は、ほとんど必然な、不可抗的な自然現象であるとも考えられるから。そしてそういう場合にもし市民自身が伝播の媒質とならなければ流言は決して有効に成立し得ないのだから。

「今夜の三時に大地震がある」という流言を発したものがあったと仮定する。もしもその町内の親爺《おやじ》株《かぶ》の人の例えば三割でもが、そんな精密な地震予知の不可能だという現在の事実を確実に知っていたなら、そのような流言の卵は孵化《かえ》らないで腐ってしまうだろう。これに反して、もしそういう流言が、有効に伝播したとしたら、どうだろう。それは、このような明白な事実を確実に知っている人が如何に少数であるかという事を示す証拠と見られても仕方がない。

＊

大地震、大火事の最中に、暴徒が起って東京中の井戸に毒薬を投じ、主要な建物に爆弾を投じつつあるという流言が放たれたとする。その場合に、市民の大多数が、仮りに次のような事を考えてみたとしたら、どうだろう。

例えば市中の井戸の一割に毒薬を投ずると仮定する。そうして、その井戸水を一人の人間が一度飲んだ時に、その人を殺すか、ひどい目に逢わせるに充分なだけの濃度にその毒薬を混ずるとする。そうした時に果してどれだけの分量の毒薬を要するだろうか。この問題に的確に答えるためには、勿論まず毒薬の種類を仮定した上で、その極量《きよくりよう》を推定し、また一人が一日に飲む水の量や、井戸水の平均全量や、市中の井戸の総数や、そういうものの概略な数値を知らなければならない。しかし、いわゆる科学的常識というものからくる漠然とした概念的の推算をしてみただけでも、それが如何に多大な分量を要するだろうかという想像ぐらいはつくだろうと思われる。いずれにしても、暴徒は、地震前からかなり大きな毒薬のストックをもっていたと考えなければならない。そういう事は有り得ない事ではないかもしれないが、少しおかしい事である。

仮りにそれだけの用意があったと仮定したところで、それからさきがなかなか大変である。何百人、あるいは何千人の暴徒に一々部署を定めて、毒薬を渡して、各方面に派遣しなければならない。これがなかなか時間を要する仕事である。さてそれが出来たとする。そうして一人一人に授けられた缶を背負って出掛けた上で、自分の受持方面の井戸の在所《ありか》を捜して歩かなければならない。井戸を見付けて、それから人の見ない機会をねらって、いよいよ投下する。しかし有効にやるためにはおおよその井戸水の分量を見積ってその上で投入の分量を加減しなければならない。そうして、それを投入した上で、よく溶解し混和するようにかき交ぜなければならない。考えてみるとこれはなかなか大変な仕事である。

こんな事を考えてみれば、毒薬の流言を、全然信じないとまでは行かなくとも、少なくも銘々の自宅の井戸についての恐ろしさはいくらか減じはしないだろうか。

爆弾の話にしても同様である。市中の目ぼしい建物に片ッぱしから投げ込んであるくために必要な爆弾の数量や人手を考えてみたら、少なくも山の手の貧しい屋敷町の人々の軒並に破裂しでもするような過度の恐慌を惹き起さなくてもすむ事である。

尤《もっと》も、非常な天災などの場合にそんな気楽な胸算用などをやる余裕があるものではないといわれるかもしれない。それはそうかもしれない。そうだとすれば、それはその市民に、本当の意味での活きた科学的常識が欠乏しているという事を示すものではあるまいか。

＊

科学的常識というのは、何も、天王星の距離を暗記していたり、ヴィタミンの色々な種類を心得ていたりするだけではないだろうと思う。もう少し手近なところに活きて働くべき、判断の標準になるべきものでなければなるまいと思う。

勿論、常識の判断はあてにはならない事が多い。科学的常識は猶更《なおさら》である。しかし適当な科学的常識は、事に臨んで吾々に「科学的な省察《せいさつ》の機会と余裕」を与える。そういう省察の行われるところにはいわゆる流言蜚語のごときものは著しくその熱度と伝播能力を弱められなければならない。たとえ省察の結果が誤っていて、そのために流言が実現されるような事があっても、少なくも文化的市民としての甚だしい恥辱を曝《さら》す事なくて済みはしないかと思われるのである。（大正十三〔一九二四〕年九月）

神話と地球物理学

われわれのように地球物理学関係の研究に従事しているものが国々の神話などを読む場合に一番気のつくことは、それらの説話の中にその国々の気候風土の特徴が濃厚に印銘されており浸潤していることである。たとえばスカンディナヴィアの神話の中には、温暖な国の住民には到底思いつかれそうもないような、驚くべき氷や雪の現象、あるいはそれを人格化し象徴化したと思われるような描写が織り込まれているのである。

それで、わが国の神話伝説中にも、そういう目で見ると、いかにも日本の国土にふさわしいような自然現象が記述的あるいは象徴的に至るところにちりばめられているのを発見する。

まず第一にこの国が島国であることが神代史の第一ページにおいてすでにきわめて明瞭《めいりよう》に表現されている。また、日本海海岸には目立たなくて太平洋岸に顕著な潮汐《ちようせき》の現象を表徴する記事もある。

島が生まれるという記事なども、地球物理学的に解釈すると、海底火山の噴出、あるいは地震による海底の隆起によって海中に島が現われあるいは暗礁が露出する現象、あるいはまた河口における三角州の出現などを連想させるものがある。

なかんずく速須佐之男命《はやすさのおのみこと》に関する記事の中には火山現象を如実に連想させるものがはなはだ多い。たとえば「その泣きたもうさまは、青山を枯山《からやま》なす泣き枯らし、河海《うみかわ》はことごとに泣き乾《ほ》しき」というのは、何より適切に噴火のために草木が枯死し河海《うみかわ》が降灰のために埋められることを連想させる。噴火を地神の慟哭《どうこく》と見るのは適切な譬喩《ひゆ》であると言わなければなるまい。

「すなわち天《あめ》にまい上ります時に、山川ことごとに動《とよ》み、国土《くにつち》皆震《ゆ》りき」とあるのも、普通の地震よりもむしろ特に火山性地震を思わせる。「勝ちさびに天照大御神《あまてらすおおみかみ》の営田《みつくだ》の畔離《あはな》ち溝埋《みぞう》め、また大嘗《おおにえ》きこしめす殿に屎《くそ》まり散らしき」というのも噴火による降砂降灰の災害を暗示するようにも見られる。

「その服屋《はたや》の頂《むね》をうがちて、天《あめ》の斑馬《ふちこま》を逆剝《さかは》ぎに剝《は》ぎて堕《おと》し入るる時にうんぬん」というのでも、火口から噴出された石塊が屋をうがって人を殺したということを暗示する。「すなわち高天原《たかまのはら》皆暗く、葦原中国《あしはらのなかつくに》ことごとに闇《くら》し」というのも、噴煙降灰による天地晦冥《かいめい》の状を思わせる。

「ここに万《よろず》の神の声《おとない》は、狭蠅《さばえ》なす皆涌《わ》き」は火山鳴動の物すごい心持ちの形容にふさわしい。これらの記事を日蝕《にっしょく》に比べる説もあったようであるが、日蝕のごとき短時間の暗黒状態としては、ここに引用した以外のいろいろな記事が調和しない。神々が鏡や玉を作ったりしてあらゆる方策を講じるという顚末《てんまつ》を叙した記事は、ともかくも、相当な長い時間の経過を暗示するからである。

記紀にはないが、天手力男命《あめのたぢからおのみこと》が、引き明けた岩戸を取って投げたのが、虚空はるかにけし飛んでそれが現在の戸隠山《とがくしやま》になったという話も、やはり火山爆発という現象を夢にも知らない人の国には到底成立しにくい説話である。

*

誤解を防ぐために一言しておかなければならないことは、ここで自分の言おうとしていることは以上の神話が全部地球物理学的現象を人格化した記述であるという意味では決してない。神々の間に起こったいろいろな事件や葛藤《かっとう》の描写に最もふさわしいものとしてこれらの自然現象の種々相が採用されたものと解釈するほうが穏当であろうと思われるのである。

高志《こし》の八俣《やまた》の大蛇《おろち》の話も火山からふき出す熔岩流《ようがんりゅう》の光景を連想させるものである。「年ごとに来て喫《く》うなる」というのは、噴火の間歇性《かんけつせい》を暗示する。「それが目は酸漿《あかかがち》なして」とあるのは、熔岩流の末端の裂罅《れっか》から内部の灼熱部《しゃくねつぶ》が隠見する状況の記述にふさわしい。

「身一つに頭《かしら》八つ尾八つあり」は熔岩流が山の谷や沢を求めて合流あるいは分流するさまを暗示する。「またその身に蘿《こけ》また檜榲《ひすぎお》生い」というのは熔岩流の表面の峨々《がが》たる起伏の形容とも見られなくはない。「その長さ谿八谷《たにや》峡八尾《たにおやお》をわたりて」は、そのままにして解釈はいらない。

「その腹をみれば、ことごとに常に血爛《ただ》れたりとまおす」は、やはり側面の裂罅からうかがわれる内部の灼熱状態を示唆的にそう言ったものと考えられなくはない。「八つの門《かど》」のそれぞれに「酒船《さかぶね》を置きて」とあるのは、現在でも各地方の沢の下端によくあるような貯水池を連想させる。熔岩流がそれを目がけて沢に沿うておりて来るのは、あたかも大蛇《だいじゃ》が酒甕《さかがめ》をねらって来るようにも見られるであろう。

八十神《やそがみ》が大穴牟遅《おおなむち》の神を欺いて、赤猪《あかい》だと言ってまっかに焼けた大石を山腹に転落させる話も、やはり火山から噴出された灼熱した大石塊が急斜面を転落する光景を連想させる。

大国主神《おおくにぬしのかみ》が海岸に立って憂慮しておられたときに「海《うなばら》を光《てら》して依《よ》り来る神あり」とあるのは、あるいは電光、あるいはまたノクチルカのような夜光虫を連想させるが、また一方では、きわめてまれに日本海沿岸でも見られる北光《オーロラ》の現象をも暗示する。

＊

出雲風土記《いずもふどき》には、神様が陸地の一片を綱でもそろもそろと引き寄せる話がある。ウエーゲナーの大陸移動説では大陸と大陸、また大陸と島嶼《とうしょ》との距離は恒同《こうどう》でなく長い年月の間にはかなり変化するものと考えられる。それで、この国曳《くにび》きの神話でも、単に無稽《むけい》な神仙譚《しんせんだん》ばかりではなくて、何かしらその中に或《あ》る事実の胚芽《はいが》を含んでいるかもしれないという想像を起こさせるのである。あるいはまた、二つの島の中間の海が漸次に浅くなって交通が容易になったというような事実があって、それがこういう神話と関連していないとも限らないのである。

神話というものの意義についてはいろいろその道の学者の説があるようであるが、

以上引用した若干の例によってもわかるように、わが国の神話が地球物理学的に見てもかなりまでわが国にふさわしい真実を含んだものであるということから考えて、その他の人事的な説話の中にも、案外かなりに多くの史実あるいは史実の影像が包含されているのではないかという気がする。少なくもそういう仮定を置いた上で従来よりももう少し立ち入った神話の研究をしてもよくはないかと思うのである。

きのうの出来事に関する新聞記事がほとんどうそばかりである場合もある。しかし数千年前からの言い伝えの中に貴重な真実が含まれている場合もあるであろう。少なくもわが国民の民族魂といったようなものの由来を研究する資料としては、万葉集などよりもさらにより以上に記紀の神話が重要な地位を占めるものではないかという気がする。

以上はただ一人の地球物理学者の目を通して見た日本神話観に過ぎないのであるが、ここに思うままをしるして読者の教えをこう次第である。（昭和八〔一九三三〕年八月）

津浪と人間

昭和八〔一九三三〕年三月三日の早朝に、東北日本の太平洋岸に津浪が襲来して、沿岸の小都市村落を片端から薙《な》ぎ倒し洗い流し、そうして多数の人命と多額の財物を奪い去った。明治二十九〔一八九六〕年六月十五日の同地方に起ったいわゆる「三陸大津浪」とほぼ同様な自然現象が、約満三十七年後の今日再び繰返されたのである。

同じような現象は、歴史に残っているだけでも、過去において何遍となく繰返されている。歴史に記録されていないものがおそらくそれ以上に多数にあったであろうと思われる。現在の地震学上から判断される限り、同じ事は未来においても何度となく繰返されるであろうということである。

こんなに度々繰返される自然現象ならば、当該地方の住民は、とうの昔に何かしら相当な対策を考えてこれに備え、災害を未然に防ぐことが出来ていてもよさそうに思われる。これは、この際誰しもそう思うことであろうが、それが実際はなかなかそうならないというのがこの人間界の人間的自然現象であるように見える。

学者の立場からは通例次のように云われるらしい。「この地方に数年あるいは数十年ごとに津浪の起るのは既定の事実である。それだのにこれに備うる事もせず、また強い地震の後には津浪の来る恐れがあるというくらいの見やすい道理もわきまえずに、うかうかしているというのはそもそも不用意千万なことである。」

しかしまた、罹災者《りさいしゃ》の側に云わせれば、また次のような申し分がある。「それほど分かっている事なら、何故津浪の前に間に合うように警告を与えてくれないのか。正確な時日に予報出来ないまでも、もうそろそろ危ないと思ったら、もう少し前にそう云ってくれてもいいではないか、今まで黙っていて、災害のあった後に急にそんなことを云うのはひどい。」

すると、学者の方では「それはもう十年も二十年も前にとうに警告を与えてあるのに、それに注意しないからいけない」という。するとまた、罹災民は「二十年も前のことなどこのせち辛い世の中でとても覚えてはいられない」という。これはどちらの云い分にも道理がある。つまり、これが人間界の「現象」なのである。

災害直後時を移さず政府各方面の官吏、各新聞記者、各方面の学者が駆付けて詳細な調査をする。そうして周到な津浪災害予防案が考究され、発表され、その実行が奨励されるであろう。

＊

さて、それから更に三十七年経ったとする。その時には、今度の津浪を調べた役人、学者、新聞記者は大抵もう故人となっているか、さもなくとも世間からは隠退している。そうして、今回の津浪の時に働き盛り分別盛りであった当該地方の人々も同様である。そうして災害当時まだ物心のつくか付かぬであった人達が、その今から三十七年後の地方の中堅人士となっているのである。

三十七年と云えば大して長くも聞こえないが、日数にすれば一万三千五百五日である。その間に朝日夕日は一万三千五百五回ずつ平和な浜辺の平均水準線に近い波打際を照らすのである。津浪に懲りて、はじめは高い処だけに住居を移していても、五年たち、十年たち、十五年二十年とたつ間には、やはりいつともなく低い処を求めて人口は移って行くであろう。そうして運命の一万数千日の終りの日が忍びやかに近づくのである。鉄砲の音に驚いて立った海猫が、いつの間にかまた寄って来るのと本質的の区別はないのである。

これが、二年、三年、あるいは五年に一回はきっと十数メートルの高波が襲って来るのであったら、津浪はもう天変でも地異でもなくなるであろう。

風雪というものを知らない国があったとする、年中気温が摂氏二十五度を下がる事がなかったとする。それがおおよそ百年に一遍くらいちょっとした吹雪《ふぶき》があったとすると、それはその国には非常な天災であって、この災害はおそらく我邦の津浪に劣らぬものとなるであろう。何故かと云えば、風のない国の家屋は大抵少しの風にも吹き飛ばされるように出来ているであろうし、冬の用意のない国の人は、雪が降れば凍《こご》えるに相違ないからである。それほど極端な場合を考えなくてもよい。いわゆる颱風《たいふう》なるものが三十年五十年、すなわち日本家屋の保存期限と同じ程度の年数をへだてて襲来するのだったら結果は同様であろう。

夜というものが二十四時間ごとに繰返されるからよいが、約五十年に一度、しかも不定期に突然に夜が廻り合せてくるのであったら、その時に如何なる事柄が起るであろうか。おそらく名状の出来ない混乱が生じるであろう。そうしてやはり人命財産の著しい損失が起らないとは限らない。

＊

さて、個人が頼りにならないとすれば、政府の法令によって永久的の対策を設けることは出来ないものかと考えてみる。ところが、国は永続しても政府の役人は百年の後には必ず入れ代わっている。役人が代わる間には法令も時々は代わる恐れがある。その法令が、無事な一万何千日間の生活に甚だ不便なものである場合は猶更《なおさら》そうである。政党内閣などというものの世の中だと猶更そうである。

災害記念碑を立てて永久的警告を残してはどうかという説もあるであろう。しかし、はじめは人目に付きやすい処に立ててあるのが、道路改修、市区改正等の行われる度にあちらこちらと移されて、おしまいにはどこの山蔭の竹藪の中に埋もれないとも限らない。そういう時に若干の老人が昔の例を引いてやかましく云っても、例えば「市会議員」などというようなものは、そんなことは相手にしないであろう。そうしてその碑石が八重葎《やえむぐら》に埋もれた頃に、時分はよしと次の津浪がそろそろ準備されるであろう。

昔の日本人は子孫のことを多少でも考えない人は少なかったようである。それは実際いくらか考えばえがする世の中であったからかもしれない。それでこそ例えば津浪を戒める碑を建てておいても相当な利き目があったのであるが、これから先の日本ではそれがどうであるか甚だ心細いような気がする。二千年来伝わった日本人の魂でさえも、打砕いて夷狄《いてき》の犬に喰わせようという人も少なくない世の中である。一代前の云い置きなどを歯牙《しが》にかける人はありそうもない。

しかし困ったことには「自然」は過去の習慣に忠実である。地震や津浪は新思想の流行などには委細かまわず、頑固に、保守的に執念深くやって来るのである。紀元前二十世紀にあったことが紀元二十世紀にも全く同じように行われるのである。科学の方則とは畢竟《ひっきょう》「自然の記憶の覚え書き」である。自然ほど伝統に忠実なものはないのである。

＊

それだからこそ、二十世紀の文明という空虚な名をたのんで、安政の昔の経験を馬鹿にした東京は大正十二（一九二三）年の地震で焼払われたのである。

こういう災害を防ぐには、人間の寿命を十倍か百倍に延ばすか、ただしは地震津浪の週期を十分の一か百分の一に縮めるかすればよい。そうすれば災害はもはや災害でなく五風十雨の亜類となってしまうであろう。しかしそれが出来ない相談であるとすれば、残る唯一の方法は人間がもう少し過去の記録を忘れないように努力するより外はないであろう。

科学が今日のように発達したのは過去の伝統の基礎の上に時代時代の経験を丹念に克明に築き上げた結果である。それだからこそ、颱風が吹いても地震が揺《ゆす》ってもびくとも動かぬ殿堂が出来たのである。二千年の歴史によって代表された経験的基礎を無視して他所《よそ》から借り集めた風土に合わぬ材料で建てた仮小屋のような新しい哲学などはよくよく吟味しないと甚だ危ないものである。それにもかかわらず、うかうかとそういうものに頼って脚下の安全なものを棄てようとする、それと同じ心理が、正しく地震や津浪の災害を招致する、というよりはむしろ、地震や津浪から災害を製造する原動力になるのである。

津浪の恐れのあるのは三陸沿岸だけとは限らない、宝永安政の場合のように、太平洋沿岸の各地を襲うような大がかりなものが、いつかはまた繰返されるであろう。その時にはまた日本の多くの大都市が大規模な地震の活動によって将棋倒しに倒される「非常時」が到来するはずである。それはいつだかは分からないが、来ることは来るというだけは確かである。今からその時に備えるのが、何よりも肝要である。

それだから、今度の三陸の津浪は、日本全国民にとっても人ごとではないのである。

しかし、少数の学者や自分のような苦労症の人間がいくら骨を折って警告を与えてみたところで、国民一般も政府の当局者も決して問題にはしない、というのが、一つの事実であり、これが人間界の自然方則であるように見える。自然の方則は人間の力では枉《ま》げられない。この点では人間も昆虫も全く同じ境界《きようがい》にある。それで吾々も昆虫と同様明日の事など心配せずに、その日その日を享楽して行って、一朝天災に襲われれば綺麗にあきらめる。そうして滅亡するか復興するかはただその時の偶然の運命に任せるということにする外はないという棄《す》て鉢《ばち》の哲学も可能である。

しかし、昆虫はおそらく明日に関する知識はもっていないであろうと思われるのに、人間の科学は人間に未来の知識を授ける。この点はたしかに人間と昆虫とでちがうようである。それで日本国民のこれら災害に関する科学知識の水準をずっと高めることが出来れば、その時にはじめて天災の予防が可能になるであろうと思われる。この水準を高めるには何よりも先ず、普通教育で、もっと立入った地震津浪の知識を授ける必要がある。英独仏などの科学国の普通教育の教材にはそんなものはないと云う人があるかもしれないが、それは彼地には大地震大津浪が稀なためである。熱帯の住民が裸体《はだか》で暮しているからと云って寒い国の人がその真似をする謂《い》われはないのである。それで日本のような、世界的に有名な地震国の小学校では少なくも毎年一回ずつ一時間や二時間くらい地震津浪に関する特別講演があっても決して不思議はないであろうと思われる。地震津浪の災害を予防するのはやはり学校で教える「愛国」の精神の具体的な発現方法の中でも最も手近で最も有効なものの一つであろうと思われるのである。

（追記）三陸災害地を視察して帰った人の話を聞いた。ある地方では明治二十九〔一八九六〕年の災害記念碑を建てたが、それが今では二つに折れて倒れたままになってころがっており、碑文などは全く読めないそうである。またある地方では同様な碑を、山腹道路の傍で通行人の最もよく眼につく処に建てておいたが、その後新道が別に出来たために記念碑のある旧道は淋《さび》れてしまっているそうである。それからもう一つ意外な話は、地震があってから津浪の到着するまでに通例数十分かかるという平凡な科学的事実を知っている人が彼地方に非常に稀だということであ

る。前の津浪に遭った人でも大抵そんなことは知らないそうである。（昭和八〔一九三三〕年五月）

厄年とｅｔｃ．

気分にも頭脳の働きにも何の変りもないと思われるにもかかわらず、運動が出来ず仕事をする事の出来なかった近頃の私には、朝起きてから夜寝るまでの一日の経過はかなりに永く感ぜられた。強《し》いて空虚を充たそうとする自覚的努力の余勢がかえって空虚その物を引展《ひきの》ばすようにも思われた。

これに反して振り返って見た月日の経過はまた自分ながら驚くほどに早いものに思われた。空漠な広野の果を見るように何一つ著しい目標のないだけに、昨日歩いて来た途《みち》と今日との境が付かない。たまたま記憶の眼に触れる小さな出来事の森や小山も、どれという見分けの付かないただ一抹《いちまつ》の灰色の波線を描いているに過ぎない。その地平線の彼方には活動していた日の目立った出来事の峰々が透明な空気を通して手に取るように見えた。

それがために、最近の数ケ月は思いの外に早く経ってしまった。衰えた身体を九十度の暑さに持て余したのはつい数日前の事のように思われたのに、もう血液の不充分な手足の末端は、障子や火鉢くらいで防ぎ切れない寒さに凍えるような冬が来た。そして私の失意や希望や意志とは全く無関係に歳末と正月が近づきやがて過ぎ去った。そうして私は世俗で云う厄年《やくどし》の境界線から外へ踏み出した事になったのである。

日本では昔から四十歳になると、すぐに老人の仲間には入れられないまでも、少なくも老人の候補者くらいには数えられたもののようである。しかし自分はそう思わなかった。四十が来ても四十一が来ても別に心持の若々しさを失わないのみならず肉体の方でもこれと云って衰頽《すいたい》の兆候らしいものは認めないつもりでいた。それでもある若い人達の団体の中では自分等の仲間は中老連などと名づけられていた。

＊

あまり鏡というものを見る機会のない私は、ある朝偶然縁側《えんがわ》の日向《ひなた》に誰かがほうり出してあった手鏡を弄《もてあそ》んでいるうちに、私の額の辺《あたり》に銀色に光る数本の白髪を発見した。十年ほど前にある人から私の頭の頂上に毛の薄くなった事を注意されて、いまに禿《は》げるだろうと、予言された事があるが、どうしたのかまだ禿頭《とくとう》と名の付くほどには進行しない。禿頭は父親から男の子に遺伝する性質だという説があるが、それがもし本当だとすると、私の父は七十七歳まで完全に蔽《おお》われた顱頂《ろちょう》を有《も》っていたから、私も当分は禿げる見込が少ないかもしれない。しかしその代りにいつの間にか白髪が生えていた。

それから後に気を付けて見ると同年輩の友人の中の誰彼の額やこめかみにも、三尺以上距《はな》れていてもよく見えるほどの白髪を発見した。まだ自分等よりはずっと若い人で自分より多くの白髪の所有者もあった。ある時たまたま逢った同窓と対話していた時に、その人の背後の窓から来る強い光線が頭髪に映っているのを注意して見ると、漆黒な色の上に浮ぶ紫色の表面色が或るアニリン染料を思い出させたりした。

またある日私の先輩の一人が老眼鏡をかけた見馴れぬ顔に出会《でくわ》した。そして試みにその眼鏡を借りて掛けて見ると、眼界が急に明るくなるようで何となく爽やかな心持がした。しばらくかけていて外すと、眼の前に蜘蛛《くも》の糸でもあるような気がして、思わず眼の上を指先でこすってみた。それから気が付いて考えてみると、近頃少し細かい字を見る時には、不知不識《しらずしらず》眼を細くするような習慣が生じているのであった。

去年の夏子供が縁日で松虫を買って来た。そして縁側の軒端《のきば》に吊しておいた。宵のうちには鈴を振るような音がよく聞こえたが、しかしどうかするとその音がまるで反対の方向から聞こえるように思われた。不思議だと思って懐中時計の音で左右の耳の聴力を試験してみると、左の耳が振動数の多い音波に対して著しく鈍感になっている事が分った。のみならず雨戸をしめて後に寝床へはいるとチンチロリンの声が聞こえなかった。すぐ横にねている子供にはよく聞こえているのに。

私の方では年齢の事などは構わないでいても、年齢の方では私を構わないでおかないのだろう。ともかくも白髪と視力聴力の衰兆とこれだけの実証はどうする事も出来ない。これだけの通行券を握って私は初老の関所を通過した。そしてすぐ眼の前にある厄年の坂を越えなければならなかった。

＊

厄年というものはいつの世から称え出した事か私は知らない。どういう根拠に依ったものかも分らない。たぶんは多くの同種類の云い伝えと同様に、時と場所との限られた範囲内での経験的資料とある形而上的の思想との結合から生れたものに過ぎないだろう。例えば二百十日に颱風《たいふう》を聯想《れんそう》させたようなものかもしれない。もっとも二百十日や八朔《はっさく》の前後にわたる季節に、南洋方面から来る颱風がいったん北西に向って後に抛物線《ほうぶつせん》形の線路を取って日本を通過する機会の比較的多いのは科学的の事実である。そういう季節の目標として見れば二百十日も意味のない事はない、しかし厄年の方は果してそれだけの意味さえあるものだろうか。

＊

科学的知識の進歩した結果として、科学的根拠の明らかでない云い伝えは大概他の宗教的迷信と同格に取扱われて、少なくも本当の意味での知識的階級の人からは斥《しりぞ》けられてしまった。もちろん今でも未開時代そのままの模範的な迷信が到るところに行われて、それが俗にいわゆる知識階級のある一部まで蔓延《まんえん》している事は事実であるが、それとは少し趣《おもむき》を異にした事柄で、科学的に験証され得る可能性を具えた命題までが、一からげにして掃き捨てられたという恐れはないものだろうか。そのようにして塵塚に埋れた真珠はないだろうか。

根拠の無い事を肯定するのが迷信ならば、否定すべき反証の明らかでない命題を否定するのは、少なくも軽率とは云われよう。分らぬ事として竿の先に吊しておくのは慎重ではあろうが忠実とは云われまい。例えば厄年のごときものが全く無意味な命題であるか、あるいは意味の付け方によっては多少の意味の付けられるものではあるまいか。

　このような疑問を抱いて私は手近な書物から人間の各年齢における死亡率の曲線を捜し出してみた。すべての有限な統計的材料に免れ難い偶然的の偏倚《へんい》のために曲線は例のように不規則な脈動的な波を描いている。しかし不幸にして特に四十二歳の前後に跨《また》がった著しい突起を見出すことは出来なかった。これだけから見ると少なくもその曲線の示す範囲内では、四十二歳における死亡の確率が特別に多くはないという漠然とした結論が得られそうに見える。

　しかし統計ほど確かなものはないが、また「統計ほど嘘をつくものはない」という事は争われないパラドックスである。上の曲線は確かに一つの事実を示すが、これは必ずしも厄年の無意味を断定する証拠にはならない。

　科学者が自然現象の週期を発見しようとして被与材料を統計的に調査する時に、ある短い期間については著しい週期を得るにかかわらず、あまり期間を長く採るとそれが消失するような事が往々ある。そのような場合に、短期の材料から得た週期が単に偶然的のものである場合もあるが、またそうでない場合がある。ある期間だけ継続する週期的現象の群が濫発的に錯綜《さくそう》して起る時がそうである。

　これはただ一つの類例に過ぎないが、厄年の場合でも材料の選み方によってはあるいは意外な結果に到着する事がないものだろうか。例えば時代や、季節や、人間の階級や、死因や、そういう標識に従って類別すれば現われ得べき曲線上の隆起が、各類によって位置を異にしたりするために、すべてを重ね合すことによって消失するのではあるまいか。

このような空想に耽《ふけ》ってみたが、結局は統計学者にでも相談する外はなかった。しかしそんな空想に耳を傾けてくれる学者が手近にあるかないか見当が付かなかった。

＊

それはとにかくとして最近に私の少数な十に足りない同窓の中で三人まで、わずかの期間に相次いで亡くなった。いずれも四十二を中心とする厄年の範囲に含まれ得べき有為な年齢に病のために倒れてしまった。

生死ということが単に銅貨を投げて裏が出るか表が出るかというような簡単なことであれば、三遍《さんべん》続けて裏が出るのも、三遍つづいて表が出るのも、少しも不思議な事ではない。もう少し複雑な場合でも、全く偶然な暗合で特殊な事件が続発して、プロバビリティの方則を知らない世人に奇異の念を起させたり、超自然的な因果を想わせる例はいくらでもある。それで私は三人の同窓の死だけから他のものの死の機会を推算するような不合理をあえてしようとは思わない。

そうかと云って私はまた全くそういう推算の可能性を否定してしまうだけの証拠も持ち合せない。

例えばある家庭で、同じ疫痢《えきり》のために二人の女の児を引続いて失ったとする。そして死んだ年齢が二人ともに四歳で月までもほぼ同じであり、その上に死んだ時季が同じように夏始めのある月であったとしたら、どうであろう。この場合にはもはや偶然あるいは超自然的因果の境界から自然科学的の範囲に一歩を踏み込んでいるように思われて来る。

そういう方面から考えて行くと、同時代に生れて同様な趣味や目的をもって、同じ学校生活を果した後に、また同じような雰囲気の中に働いて来たものが多少生理的にも共通な点を具えていて、そしてある同じ時期に死病に襲われるという事は、全く偶然の所産としてしまうほどに偶然とも思われない。

このような種類の機微な吻合《ふんごう》がしばしば繰り返されて、そしてその事が誇大視された結果としていわゆる厄年の説が生れたと見るべき理由が無いでもない。

ある柳の下にいつでも泥鰌《どじょう》が居るとは限らないが、ある柳の下に泥鰌の居りやすいような環境や条件の具備している事もまたしばしばある。そういう意味でいわゆる厄年というものが提供する環境や条件を考えてみたらどうだろう。

「思考の節約」という事を旗じるしに押し立てて進んで来たいわゆる精密科学は、自然界におけるあらゆる物並びにその変化と推移を連続的のものと見做《みな》そうとする傾向を生じた。そして事情の許す限りは物質を空隙のないコンチニウムと見做す事によってその運動や変形を数学的に論じる事が出来た。あらゆる現象は出来るだけ簡単な数式や平滑な曲線によって代表されようとした。その同じ傾向は生物に関する科学の方面へも滲透して行った。そして「自然は簡単を愛す」と云ったような昔の形而上的な考えがまだ漠然とした形である種の科学者の頭の奥底のどこかに生き残って来た。

*

しかしそういう方法によって進歩して来た結果はかえってその方法自身を裏切る事になった。物質の不連続的構造はもはや仮説の域を脱して、分子や原子、なおその上に電子の実在が動かす事の出来ないようになった。その上にエネルギーの推移にまでも或る不連続性を否《いな》む事が出来なくなった。生物の進化でも連続的な変異は否定されて飛躍的な変異を認めなければならないようになった。

水の流れや風の吹くのを見てもそれは決して簡単な一様な流動でなくて、必ずいくらかの律動的な弛張《しちょう》がある、これと同じように生物の発育でも決して簡単な二次や三次の代数曲線などで表わされるようなものではない。

例えば昆虫の生涯を考えても、卵から低級な幼虫になってそれがさなぎになり成虫になるあの著しい変化は、昆虫の生涯における目立った律動のようなものではあるまいか。

人間の生涯には、少なくも母体を離れた後にこのように顕著な肉体的の変態があるとは思われない。しかしある程度の不連続な生理的変化がある時期に起る事もよく知れ渡った事実である。蚕《かいこ》や蛇が外皮を脱ぎ捨てるのに相当するほど目立った外見上の変化はないにしても、もっと内部の器官や系統に行われている変化がやはり一種の律動的弛張をしないという証拠はよもやあるまいと思われる。

そのような律動のある相が人間肉体の生理的危機であって不安定な平衡が些細《ささい》な機縁のために破れるやいなや、加速的に壊滅の深淵に失墜するという機会に富んでいるのではあるまいか。

このような六《むつ》ケしい問題は私には到底分りそうもない。あるいは専門の学者にも分らないほど六ケしい事かもしれない。

＊

それにしても私は今自分の身体に起りつつある些細な変態の兆候を見て、内部の生理的機能についてもある著しい変化を聯想しないではいられない。それと同時に私の心の方面にもある特別な状態を認め得るような気がする。それが肉体の変化の直接の影響であるか、あるいは精神的変化が外界の刺戟《しげき》に誘発されてそれがある程度まで肉体に反応しているのだか分らない。

厄年の厄と見做されているのは当人の病気や死とは限らない。家庭の不祥事や、事業の失敗や、時としては当人には何の責任もない災厄までも含まれているようである。

街を歩いている時に通り合せた荷車の圧搾ガス容器が破裂してそのために負傷するといったような災厄が四十二歳前後に特別に多かろうと思われる理由は容易には考えられない。しかしそれほど偶然的でない色々な災難の源を奥へ奥へ捜《さぐ》って行った時に、意外な事柄の継起によってそれが厄年前後における当人の精神的危機と一縷《いちる》の関係をもっている事を発見するような場合はないものだろうか。

例えばその人が従来続けて来た平静な生活から転じて、危険性を帯びたある工業に関係した当座に前述のような災難に会ったとしたらどうであろう。少なくも親戚の老人などの中にはこの災難と厄年の転業との間にある因果関係を思い浮べるものも少なくないだろう。しかしこれは空風《からかぜ》が吹いて桶屋が喜ぶというのと類似の詭弁《きべん》に過ぎない。当面の問題には何の役にも立たない。

しかしともかくも厄年が多くの人の精神的危機であり易《やす》いという事はかなりに多くの人の認めるところではあるまいか。昔の聖人は四十歳にして惑《まど》わずと云ったそうである。これが儒教道徳に養われて来たわれわれの祖先の標準となっていた。現代の人間が四十歳くらいで得た人生観や信条をどこまでも十年一日のごとく固守して安心しているのが宜《よ》いか悪いか、それとも死ぬまでも惑い悶《もだ》えて衰頽した軀《からだ》を荒野に曝《さら》すのが偉大であるか愚であるか、それは別問題として、私は「四十にして不惑《まどわず》」という言葉の裏に四十は惑い易い年齢であるという隠れた意味を認めたい。

二十歳代の青年期に蜃気楼《しんきろう》のような希望の幻影を追いながら脇目もふらずに芸能の修得に勉めて来た人々の群が、三十前後に実世界の闘技場の埒内《らちない》へ追い込まれ、そこで銘々のとるべきコースや位置が割り当てられる。競技の進行するに従って自然に優勝者と劣敗者の二つの群が出来てくる。

優者の進歩の速度は始めには目ざましいように早い。しかし始めには正であった加速度はだんだん減少して零になって次には負になる。そうしてちょうど四十歳近くで漸近的に一つの極限に接近すると同時に速度は減退して零に近づく。

そこでそのままに自然に任せておけばどうなるだろう。たどり付いた漸近線の水準を保って行かれるだろうか。このような疑問の岐路に立ってある人は何の躊躇《ちゅうちょ》もなく一つの道をとる。そして爪先下りのなだらかな道を下へ下へとおりて行く、ある人はどこまでも同じ高さの峰伝いに安易な心を抱いて同じ麓の景色を眺めながら、思いがけない懸崖《けんがい》や深淵が路を遮る事の可能性などに心を騒がすようなことなしに夜の宿駅へ急いで行く。

しかし少数のある人々はこの生涯の峠に立って蒼空を仰ぐ、そして無限の天頂に輝く太陽を握《つか》もうとして懸崖から逆さまに死の谷に墜落する。これらの不幸な人々のうちのきわめて少数なあるものだけは、微塵に砕けた残骸から再生する事によって、始めて得た翼を虚空に羽搏《はばた》きする。

劣者の道の谷底の漸近線までの部分は優者の道の倒影に似ている。そして谷底まで下りた人の多数はそのままに麓の平野を分けて行くだろうし、少数の人はそこからまた新しい上り坂に取りつきあるいはさらに失脚して再び攀上《よじのぼ》る見込のない深坑に落ちるのであろうが、そのような岐《わか》れ路《みち》がやはりほぼ四十余歳の厄年近辺に在るのではあるまいか。

このような他愛もない事を考えながらともかくも三年にわたる厄年を過して来た。厄年に入る前年に私は家族の一人を失ったが、その後にはそれほど著しい不幸には会わなかった。もっとも四十二の暮から自分で病気に罹《かか》って今でもまだ全快しない。この病気のために生じた色々な困難や不愉快な事がないではなかったが、しかしそれは厄年ではなくても不断に私につきまとっているものとあまり変らない程度のものであった。それでともかくも生命に別条がなくて今日までは過ぎて来た。

それで結局これから私はどうしたらいいのだろう。

厄年の峠を越えようとして私は人並に過去の半生涯を振り返って見ている。もう昼過ぎた午後の太陽の光に照らされた過去を眺めている、そして人並に愧《は》じたり悔やんだり惜しんだりしている。「有った事は有ったのだ」と幾百万人の繰返した言葉をさらに繰返している。

過去というものは本当にどうする事も出来ないものだろうか。

私の過去を自分だけは知っていると思っていたが、それは嘘らしい。現在を知らない私に過去が分るはずはない。原因があって結果があると思っていたが、それも誤りらしい。結果が起らなくてどこに原因があるだろう。重力があって天体が運行して林《りん》檎《ご》が落ちるとばかり思っていたがこれは逆さまであった。英国の田舎である一つの林檎が落ちてから後に万有引力が生れたのであった。その引力がつい近頃になってドイツのあるユダヤ人の鉛筆の先で新しく改造された。

過去を定めるものは現在であって、現在を定めるものが未来ではあるまいか。

それともまた現在で未来を支配する事が出来るものだろうか。

これは私には分らない、おそらく誰にも分らないかもしれない。この分らない問題を解く試みの方法として、私は今一つの実験を行ってみようとしている。それには私の過去の道筋で拾い集めて来たあらゆる宝石や土塊や草花や昆虫や、たとえそれが蚯蚓《みみず》や蛆虫《うじむし》であろうとも一切のものを「現在の鍋」に打《ぶ》ち込んで煮詰めてみようと思っている。それには古人が残してくれた色々な香料や試薬も注いでみようと思っている。その鍋を火山の火にかけて一晩おいた後に一番鶏《いちばんどり》が鳴いたら蓋をとってみようと思っている。

蓋を取ったら何が出るだろう。おそらく何も変った物は出ないだろう。始めに入れておいただけの物が煮爛《にただ》れ煮固まっているに過ぎないだろうとしか思われない。しかし私はその鍋の底に溜った煎汁《せんじゅう》を眼を瞑《つむ》って呑み干そうと思う。そうして自分の内部の機能にどのような変化が起るかを試験してみようと思っている。もし私の眼や手になんらかの変化が起ったら、その新しい眼と手で私の過去を見直し造り直してみよう。そしてその上に未来の足場を建ててみよう。もしそれが出来たら「厄年」というものの意義が新しい光明に照らされて私の前に現われはしまいか。

＊

こう思って私は過去の旅行カバンの中から手《て》捜《さぐ》りに色々なものを取り出して並べて見ている。

先ず色々の書物が出て来る、大概は汚れたり虫ばんだりしてもう読めなくなっている。様々な神や仏の偶像も出て来るが一つとして欠け損じていないのはない。茶褐色に変ったげんげやばらの花束や半分喰い欠いだ林檎もあった。修学証書や辞令書のようなものの束ねたのを投げ出すと黴臭《かびくさ》い塵が小さな渦を巻いて立ち昇った。定規《じょうぎ》のようなものが一把《わ》ほどあるがそれがみんな曲りくねっている。升《ます》や秤《はかり》の種類もあるが使えそうなものは一つもない。鏡が幾枚かあるがそれらに映る万象はみんなゆがみ捻《ねじ》れた形を見せる。物差のようなもので半分を赤く半分を白く塗り分けたものがある。私はこの簡単な物差ですべてのものを無雑作に可否のいずれかに決するように教えられて来たのであった。骨牌《カルタ》のような札の片側には「自」反対の側には「他」と書いてある。私は時と場合とに応じてこの札の裏表を使い分ける事を教えられた。

＊

見ているうちに私はこの雑多な品物のほとんど大部分が皆貰いものや借り物である事に気が付いた。自分の手で作るか、自分の労力の正当な報酬として得たもののあまりに少ないのに驚いた。これだけの負債を弁済する事が生涯に出来るかどうか疑わしい。しかし幸か不幸か債権者の大部分はもうどこにいるか分らない。

一巻の絵巻物が出て来たのを繙《ひもと》いて見て行く。始めの方はもうぼろぼろに朽ちているが、それでもところどころに比較的鮮明な部分はある。生れて間もない私が竜門《りゅうもん》の鯉を染め出した縮緬《ちりめん》の初着《うぶぎ》につつまれ、まだ若々しい母の腕に抱かれて山王《さんのう》の祠《やしろ》の石段を登っているところがあるかと思うと、馬丁に手を引かれて名古屋の大須《おおす》観音《かんのん》の広庭で玩具を買っている場面もある。淋しい田舎の古い家の台所の板間で、袖無を着て寒竹《かんちく》の子《こ》の皮をむいているかと思うと、その次には遠い西国のある学校の前の菓子屋の二階で、同郷の学友と人生を論じている。下谷《したや》のある町の金貸しの婆さんの二階に間借りして、うら若い妻と七輪《しちりん》で飯を焚《た》いて暮している光景のすぐあとには、幼い児と並んで生々しい土饅頭《どまんじゅう》の前にぬかずく淋しい後姿を見出す。ティアガルテンの冬木立や、オペラの春の夜の人の群や、あるいは地球の北の果の淋しい港の埠頭《ふとう》や、そうした背景の前に立つ佗《わび》しげな旅客の絵姿に自分のある日の片影を見出す。このような切れ切れの絵と絵をつなぐ詞書《ことばが》きがなかったら、これがただ一人の自分の事だとは自分自身にさえ分らないかもしれない。

巻物の中にはところどころに真黒な墨で塗りつぶしたところがある。しかしそこにあるべきはずの絵は、実際絵に描いてあるよりも幾倍も明瞭に墨の下に透いて見える。

不思議な事には巻物の初めの方に朽ち残った絵の色彩は眼のさめるほど美しく保存されているのに、後の方になるほど絵の具の色は溷濁《こんだく》して、次第に鈍い灰色を帯びている。

絵巻物の最後にある絵はよほど奇妙なものである。そこには一つの大きな硝子《ガラス》の蠅《はえ》取罎《とりびん》がある。その中に閉込められた多数の蠅を点検して行くとその中に交じって小さな人間が居る。それがこの私である。罎から逃れ出る穴を上の方にのみ求めて幾度か眼玉ばかりの頭を硝子の壁に打ち当てているらしい。まだ幸いに器底の酢の中に溺れてはいない。自由な空へ出るのには一度罎の底をくぐらなければならないという事が蠅にも小さな私にも分らないと見える。もっとも罎を逃れたとしたところで、外界には色々な蠅打ちや蠅取蜘蛛《はえとりぐも》が窺《うかが》っている。それを逃れたとしても必然に襲うて来る春《はる》寒《さむ》の脅威は避け難いだろう。そうすると罎を出るのも考えものかもしれない。

過去の旅嚢《りょのう》から取り出される品物にはほとんど限りがない。これだけの品数を一度に容《い》れ得る「鍋」を自分は持っているだろうか。鍋はあるとした上でも、これだけのものを沸騰させ煮つめるだけの「燃料」を自分は貯えてあるだろうか。

この点に考え及ぶと私は少し心細くなる。

厄年の関を過ぎた私は立止ってこんな事を考えてみた。しかし結局何にもならなかった。厄年というものの科学的解釈を得ようと思ったが失敗した。主観的な意味を求めてみたが、得たものはただ取り止めの付かぬ妄想に過ぎなかった。

しかし、誰か厄年の本当の意味を私に教えてくれる人はないものだろうか。誰かこの影の薄くなった言葉を活かして「四十の惑い」を解いてくれる人はないだろうか。

（大正十〔一九二一〕年四月）

解　説

畑村洋太郎

いまも輝きを失っていない中身

寺田寅彦は大正から昭和の初期にかけて活躍した戦前の物理学者である。研究者としては、地球物理学関連のもの以外に、身近な現象を科学的に考察した「金平糖の角」や「ひび割れ」の研究などユニークな業績を残している。

また、明治・大正期の文豪、夏目漱石と親交が深かったことでも知られている。『吾輩は猫である』に登場する理学者の水島寒月《かんげつ》（主人公の猫の飼い主、苦沙弥《くしゃみ》先生の元教え子）や『三四郎』に登場する物理学者の野々宮宗八《そうはち》（主人公の三四郎の同郷の先輩）らは、寺田がモデルというのが通説になっている。

一方で寺田は、自身でも執筆活動を行い、多くの随筆を残している。後生の人々には、研究者としてより、むしろこちらの顔のほうが有名のようである。本書は、寺田が残した多くの随筆の中から、とくに災害に関連するものを集めて再構成している。

これらはどれも大正から昭和初期にかけて書かれたもので、平成のいまの時代に読むと事実関係のとらえ方に違和感を覚えたり、諸々の事情や状況のちがいを感じたりするところが随所に見受けられるのは確かである。たとえば、寺田の時代に警察の仕事とされていた消防は、戦後に大きく仕組みを変えている。戦前はよくわからないものはなんでも警察任せで、いまは国土交通省の管轄であるエレベーターなども警察が担当していたことがあった。そうした雰囲気がわかるのは、それはそれでおもしろいが、事実関係でいうと、いわゆる自治体消防制度の発足によって各市町村が消防の責任を負うことになっているというふうに、いまとはかなりちがっているところも多いので注意をしなければならない。

もっといえば、地震や火事そのものの研究なども寺田の時代に比べていまはかなり進んでいる。それに伴って、消火や避難に関する考え方も格段に進歩しているので、評価の中身にも気をつける必要がある。

大きな災害が発生したときに必ず名前を聞く「ハイパーレスキュー隊」などは、まさしく進んだ現代の消防の象徴的な存在といえる。一九九五年の阪神・淡路大震災を教訓に東京消防庁が誕生させた消防救助機動部隊は、地震などの自然災害が多く、なおかつ都市化が進んでいる日本の状況を考慮し、高度な装備や技術を備えている。ハイパーレスキュー隊は「世界でもトップレベルの消防救助機動部隊」という評価を受けているが、それはそのまま日本の進んだ消防の象徴的な存在にもなっているし、日本の消防が遅れていた寺田の時代とはかなり状況がちがうのである。

このように細かな部分まで見ていくと、古い時代に書かれた寺田の随筆には状況や事情がいまとは大きくちがっている部分が随所に見受けられる。その点は注意しながら読まなければならない。しかしながら、それが必ずしも寺田の随筆の価値を下げているとは思えない。ものの見方や文章の裏に垣間見える多くの示唆に富んだ考えは、いま読んでも驚くほど豊かであることに変わりはない。書かれたときからすでに八十年近く経っているが、まったく輝きを失っていないように見えるから本当に不思議である。

必須の六つの視点

この点について私なりにいろいろと分析してみたが、寺田の随筆のおもしろさは、正確なものの見方に起因しているものと思われた。寺田は身近な現象を科学的に考察することを意識して行っていたようだが、それがいつもきちんと正確に行われているから、そこから導き出される考えも非常に豊かなものになっているのだろう。この点は大いに参考になる。

どんな事柄や現象を見るときも同じだが、対象の正しいモデルを自分の中につくるときに欠かせない必須の視点というものがある。大まかにいうとそれは、「構成要素」「マイクロメカニズム」「マクロメカニズム」「全体像」「定量化」「時間軸」という六つの視点である。

それぞれの視点の中身については後に説明するが、これらのうちの一つでも欠けていると、その見方なり考えは抜けのある不完全なものになる。裏を返せば、寺田のものの見方にはこの視点がすべて入っているから、古い時代に書かれた随筆でも非常に豊かな考えを含んでいると感じられるのだろう。

それでは六つの視点とはどのようなものであろうか。

まず第一の視点は構成要素である。これは観察対象がどんな構成要素から成り立っているかを知ろうとする視点である。第二のマイクロメカニズムは、観察対象が動作をするとき、その現象を起こしている要因を考え、その関連がどのようになっているかをメカニズムとして捉える視点である。そして第三のマクロメカニズムは、全体の構成要素がどのような関連で、どのような支配法則によって動いているかを捉える視点である。

マイクロメカニズムやマクロメカニズムは、観察対象や現象にだけ注目する視点である。正確にものを見るためには、それが取り巻くものとどのように関わっているかを把握することも重要である。それが外から見たときに全体としてどのように見えるとか、どのように動くのかを知ることが必要なのである。これが第四の全体像を見る視点である。

余談になるが、いわゆる専門家の話は、この全体像を見る視点が欠けていることが多い。そのせいで正しいことをいっているのに、どこか実際の事柄や現象と大きくちがう印象を受けることが少なくない。マイクロメカニズムやマクロメカニズムなどに関しては細かい部分まで正確に見ているので、そこではまちがいが見られることがないどころかほとんどが正しい。ところが、そのことを取り巻く環境がどうなっていて、まわりからどのような影響を受けているかまでは見ていないから、いっていることが実際と大きくはずれてしまうことがよくあるのである。

第五の定量化は、対象や現象を量的に捉える視点である。これは自然現象や技術などを捉えるときには必須の視点である。それなのにこの視点がすっかり抜けて、単なる印象でものを見ている人が意外に多い。

第六の時間軸も、先ほどの定量化と同じく忘れがちな視点である。すべての事柄や現象は未来永劫に不変ということはなく、必ず時間とともに変化をしている。これを無視して、ある時間断面を表した静止画として捉えようとする人が多いのである。この過ちを防止するのが時間軸を入れた視点で、すべての動きが時間とともに変化する動画として対象を捉えられるようにするためには欠かせない視点である（この六つの視点については、私が仲間とつくった日刊工業新聞社刊『実際の設計 第七巻——成功の視点』に詳しく書いてあるので、興味のある方は参照してほしい）。

寺田がなにかの事柄や現象を観察するときに、本当にこの六つの視点を意識していたかは定かではない。しかしながら、少なくとも文章の端々からは、この視点を持って観察を行っていたことが感じられる。

「三現」と「三ナイ」

どんな事柄や現象について考えるときにも、必ず頭の中に自分なりのモデルをつくりあげて、社会的な問題や人的な問題などいろんなこととの関わりを考えつつ頭の中で動かしてみる。寺田の文章からは、この作業をきちんとやっていたことがうかがえる。

寺田は自分の中に対象の正しいモデルをつくるために、好んで現場を訪れていたようでもある。「静岡地震被害見学記」には、一九三五年の静岡地震の被災地を訪れたときの様子が詳しく書かれている。一九二三年の関東大震災のときには自らが被災者になったが、その様子は「震災日記より」の中に日記の形で克明に綴られている。いずれも冷静な観察者としてまわりの様子を詳しく書いてあるのでたいへん興味深い。

また、「小爆発二件」には、一九三五年に偶然に体験した浅間山の噴火のことが綴られている。これが象徴的だが、対象を観察するときには自らの五感をフルに使って行っている。その上で考えをまとめているから、どの考察も深い内容になっているのだろう。

津波の話を綴った「津浪と人間」は現場を訪れずに書いているようだが、それでも追記の中に「三陸災害地を視察して帰った人の話を聞いた」とある。自分の目で直接見ていないものの、だれかの話を聞きながら対象のモデルを自分なりにつくりあげていたにちがいない。人伝てに聞いた津波の話でさえ、決して机上の空論になっておらず、なおかつ単なる印象論にもなっていない理由はそのあたりにあるものと思われた。

私流の言葉でいうと、寺田はまさしく「三現」を行っていたといえる。三現というのは、ある事柄や現象の正しいモデルを自分の中につくるために不可欠な観察の基本姿勢である。具体的には、「現地」「現物」「現人」の三つの姿勢を指す。要するに、「現地」まで足を運び、そこで「現物」を直接見たり触れたりしたり、「現人」(現場にいる人)の話を聴くということである。

なにかの事柄や現象を観察するときには、私もこの三現をいつも心がけている。私の場合は、事故やトラブルの実態を調べることが多いが、その際には実際に行って自分の目で見た現場が新聞やテレビなどで報道されていたことから予想していたのとはまったくちがっていることがよくある。そうかと思えば、報道されていなかった新たな事実に出会うこともよくあるが、こうしたことは実際に自分で現場に行ってみたり、あるいは現場にいる人から直接話を聞いてみたりしないとなかなかわからない。

いまはとくに便利な時代である。インターネットをはじめとする各種のメディアが充実しているので、それらの情報を見るだけでかなりのことはわかる。各メディアでは専門家が積極的に情報発信をしているので、その意見に耳を傾けて考え方をそのまま取り込めば、ある事柄や現象についてそれなりに理解することができるのも確かである。

しかしながら、ここには大きな落とし穴がある。「百聞は一見に如かず」で、単に頭に仕入れる事実と実際に現地に行ったりして生で触れる事実が大きくちがうことも往々にしてあるのだ。先ほども指摘したように、全体像を見る視点のない専門家の意見を鵜呑みにしていると、部分的にはまちがいはなくても全体として見たときに正しい対象のモデルを自分の中につくることはできないという危険もある。その点も注意しなければならない。

メディアや専門家などを利用しながら対象とする事柄や現象を理解する方法はいかにも楽そうに見える。しかしこれは、大きな錯覚である。私はこのような観察姿勢を「三ナイ」と呼んでいる。「見ない」「考えない」「歩かない」という意味で、これらは三現の対極にある観察姿勢である。三ナイは手っ取り早い方法のように思われがちだが、もともと大きな問題点があるのだ。そもそも三ナイには本当の知識を体得するために必要な、目的意識を持って行動したり、実際の体験の中で自分自身でなにかを感じたり自分の頭で主体的に考える姿勢が欠けているのである。

寺田の場合は、三現によって本当の知識を体得していたと思われる。そして単なる思いつきではなく、深い考察によって導き出された考えを示している。だから寺田の随筆はいま読んでもおもしろく感じられるし、私たちが現代の問題を考えるときにも大いに参考になるのだろう。

「三日、三年、三十年、三百年」

いまでも輝きを失っていない寺田の随筆に見られる、私たちが現代の問題を考えるときに大いに参考になる考えを以下にいくつかあげてみたい。

寺田は「天災と国防」の中で、「日本のような特殊な天然の敵を四面に控えた国では、陸軍海軍のほかにもう一つ科学的国防の常備軍を設け、日常の研究と訓練によって非常時に備えるのが当然ではないかと思われる」と書いている。これはまったくそのとおりである。

過去を振り返ると、日本は地震、津波、台風などの自然災害に繰り返し見舞われ、多くの犠牲者を出してきたことに気づかされる。日本の歴史は、本当に「被災の繰り返し」といってもいいくらいである。にもかかわらず、自然災害を数のうちに入れて社会制度をつくったり、社会全体の行動を規定していくことは行われていなかった。これはいまに至るまで同じである。それどころか寺田のようなものの見方をする人からしてほとんどいない。

その原因を寺田は「人間の法則」に求めている。その一つが「人間の忘れっぽさ」である。「悪い年回りはむしろいつかは回って来るのが自然の鉄則であると覚悟を定めて、良い年回りの間に充分の用意をしておかなければならないということは、実に明白すぎるほど明白なことであるが、またこれほど万人がきれいに忘れがちなこともまれである」と書いているが、これは昔もいまもまったく変わらない、防災対策を考える上では少々困った人間の大法則であることはまちがいない。

このことを私なりにもう少し補足しておくと、人間の忘れっぽさを考えるときには「三」という数字がカギになる。「三日坊主」という言葉があるように、人間は同じことを「三日」も繰り返すとたいてい飽きてしまう。自分が被災者になって手痛い被害を直接受けたときには、さすがにもう少し記憶が長続きするが、それでもふつうは「三年」もすればだんだんと忘れていくようである。

組織の場合になると、個人とはちがって記憶がもう少し長続きする。ただし、組織には、長く活動を続けている間に必ず人間の入れ替わりがあるという特徴がある。そこで記憶の減衰が必ず起こる宿命にあるのだ。そのあたりのことは、寺田も本書の中で指摘している。大きな事故やトラブルの記憶でも、たいていは「三十年」もすると減衰していくのが一般的である。

一方、社会の場合は、個人や組織のときとちがって被災の記憶は記録としてかなり長く残る。それでも一定の期間を過ぎると、個人や組織のときと同じように過去に経験した危険をだんだん数のうちに入れて活動をしなくなる傾向があることには変わりない。社会の中で大きな事故やトラブルの記憶が減衰するのは、だいたい「六十年」程度である。そして、その状態が続いて「三百年」もすると、社会の中でそのことは「なかったこと」として扱われるようになる。さらにいうと「千二百年」も経つと、そのことは文書に書かれている場合を除いて、社会の中で完全に「なかったこと」になってしまい、人々の意識から完全に消え去ってしまうのである。

その結果、本来は危険であるはずのことが、人々の間でいつの間にか危険なこととして認識されなくなる。寺田はそのことを「津浪と人間」の中で述べている。津波がやってきた直後は、さすがに被害を受けた場所に住もうなどとはだれも思わない。運よく助かった人が以前と同じ地域で漁師や水産業など海に関わる仕事に携わりながら暮らし続けるにしても、住居は津波がやってこない高台につくるのが一般的である。ただし、その場所は本来、交通の便が悪く、職場としている海へのアクセスが非常に悪い。そのため被災の記憶が薄れると、人々は徐々に高台から降りて海の近くに再び住居をつくるようになるということが必ず起こる。

もちろんこれはふつう、防潮堤や避難場所などの設置、それから避難訓練というハードとソフトの両方の防災対策とセットで行われる。ただし、ここで注意しなければならないのは、これらはもともと津波被害をゼロにするような完璧なものではないということである。ところが、これも人間の困った法則の一つで、「見たくないものは見なくなる」から、そこに大きな危険が潜んでいようと無視するようになり、やがては便利さのほうばかりを享受するようになる。そしてだれもが忘れた頃に再び津波がやってきて、再び大きな被害を受けるということがたびたび繰り返されている。

二〇一一年三月の東日本大震災では、東北地方から北関東の沿岸まで津波による被害を受けた。津波による被災地域がここまで広範囲なのは、八六九年の「貞観《じょうがん》地震」以来とされているから、この災害に「未曾有」という言葉を使ってもおかしくはないかもしれない。しかし一般の人々には未曾有であっても、この規模の災害は地震の専門家なら当然考えておかなければならない。千二百年のスパンで考えれば、決して「未曾有」ではなかったのである。

さらにいうと、三陸地方に限れば近年もたびたび大きな津波に襲われているので、専門家ではない一般の人々にとっても「未曾有」という言葉を使うのは適当とはいえない。一八九六年の「明治三陸大津波」の際には、今回の津波に匹敵する二万人以上の死者を出している。これに一九三三年の「昭和三陸大津波」、そして今回の大津波を加えれば、百年あまりの間に三回も大きな津波に襲われていることになる。

こうして見ると、寺田のいうように、「もう津波は天変でも地異でもなくなる」。これは地震にしても同じだが、「過去の習慣に忠実で」、「新思想の流行などには委細かまわず、頑固に、保守的に執念深くやって来る」ものとして見る必要がある。

むろん日本の社会としては、いまもなるべくそのように扱おうとしているが、そこで問題になるのがこの項の最初にあげた人間の法則、すなわち人間の忘れっぽさである。寺田は被災記憶の減衰の対策として、「人間の寿命を十倍か百倍に延ばすか、ただしは地震津浪の週期を十分の一か百分の一に縮めるかすればよい。〔中略〕それが出来ない相談であるとすれば、残る唯一の方法は人間がもう少し過去の記録を忘れないように努力するより外はないであろう」と書いている。自然をコントロールすることは不可能なので、やはり人間の側をなんとかするしかないだろう。そのための方法は様々だが、やはり考え方としてはこれが唯一の答えになるものと思われる。

自然を力で抑えるのは無理

また「天災と国防」の中には、「文明が進むほど天災による損害の程度も累進する傾向がある」という指摘もある。これも大事な見方である。

ここには「文明が進むに従って人間は次第に自然を征服しようとする野心を生じ

た」と、人間の姿勢を問題視することが書かれている。そして、「重力に逆らい、風圧水力に抗するようないろいろの造営物を作った。そうしてあっぱれ自然の暴威を封じ込めたつもりになっていると、どうかした拍子に檻を破った猛獣の大群のように、自然があばれ出して高楼を倒壊せしめ堤防を崩壊させて人命を危うくし財産を滅ぼす。その災禍を起こさせたもとの起こりは天然に反抗する人間の細工であると言っても不当ではないはずである、災害の運動エネルギーとなるべき位置エネルギーを蓄積させ、いやが上にも災害を大きくするように努力しているものはたれあろう文明人そのものなのである」とある。

このあたりはともすれば文明批判と受け取ってしまうかもしれないが、学ぶべきはそのようなことではない。注目しなければいけないのは、力でねじ伏せるような危険への備え方、防災の考え方に潜んでいる大きな落とし穴の問題である。ある問題を強引に力で押さえ込もうとしても、うまくいかないことのほうが多いのが現実である。それどころか別のところでもっと大きな危険が生じることがあるので、そのことはぜひ覚えておいたほうがいい。

今回の東日本大震災を通じてそのことをあらためて学ぶことができた。私はこの震災の前から三陸を何度か訪れ、過去の大津波の伝承を調べるとともに防災の現場で活動する人たちにも会って話を聞いている。三陸の津波被害や津波対策のことを三現によって学んできたのである。そこで津波から人や家を守るための対策の基本的な考え方には、およそ二種類があることを知った（この三現による津波調査のことは、岩波書店刊行の拙著『技術の創造と設計』や日刊工業新聞社刊『続々・実際の設計――失敗に学ぶ』に詳しく書いてある）。

一つは防潮堤や防波堤をつくることで津波から人や家を守るという方法である。これは力で津波に対抗する方法といってもいいだろう。代表的なのは岩手県・宮古《みやこ》市の田老《たろう》地区にある防潮堤である。高さ十メートル、長さにして二キロメートルほどある長大な防潮堤は一部が二重になっているが、そのスケールの大きさから「田老万里の長城」とも呼ばれているほど立派なものである。

もう一つは津波の被害に絶対に遭わないように、津波がやってきそうにない高台に住むという方法である。これは過去の被災が教訓になっている。三陸の海沿いの町々には多くの「津波石碑」が建てられているが、その中には犠牲者の慰霊だけが目的ではなく後世の人たちに教訓を伝えているものもある。代表的なのは宮古市の姉吉《あねよし》という場所にある津波石碑で、そこには過去の被災を教訓に「此処より下に家を建てるな」という一文が彫られている。

今回の津波は想定を上回る大きなもので、三陸の町々は防潮堤を越えてやってきた大津波によって壊滅的な被害を受けた。これは田老地区も同じである。防波堤や防潮堤によって津波の勢いが弱められ、避難の時間が稼げて命が守られたケースもあるので、これらがまったく役に立たなかったとは思わないが、反対に防潮堤の力を過信して避難せずに被災したケースもあったと聞く。そう考えると自然の力に人間が対抗できると考えること自体がいかに傲慢で危険なことであるかがよくわかる。

ちなみに先ほどの姉吉では、今回の津波の遡上が津波石碑の手前で止まったので一軒の被害も出ていない。「此処より下に家を建てるな」という教訓に従った家々は津波による被災を免れることができたのである。これは過去の失敗を防災対策にきちんと取り入れた結果といえる。津波に備えるためには防潮堤や防波堤なども必要だが、決してそれらの力を過信することなく、過去に学びながらうまく使っていかないと本当に役立つものにはならないのではないだろうか。

「リスク・ホメオスタシス理論」

いまの話は自然災害だけでなく、私たちが日々使っている機械などにもそのままいえることである。周知のとおり機械やシステムは、人間の努力によって日々進化し、

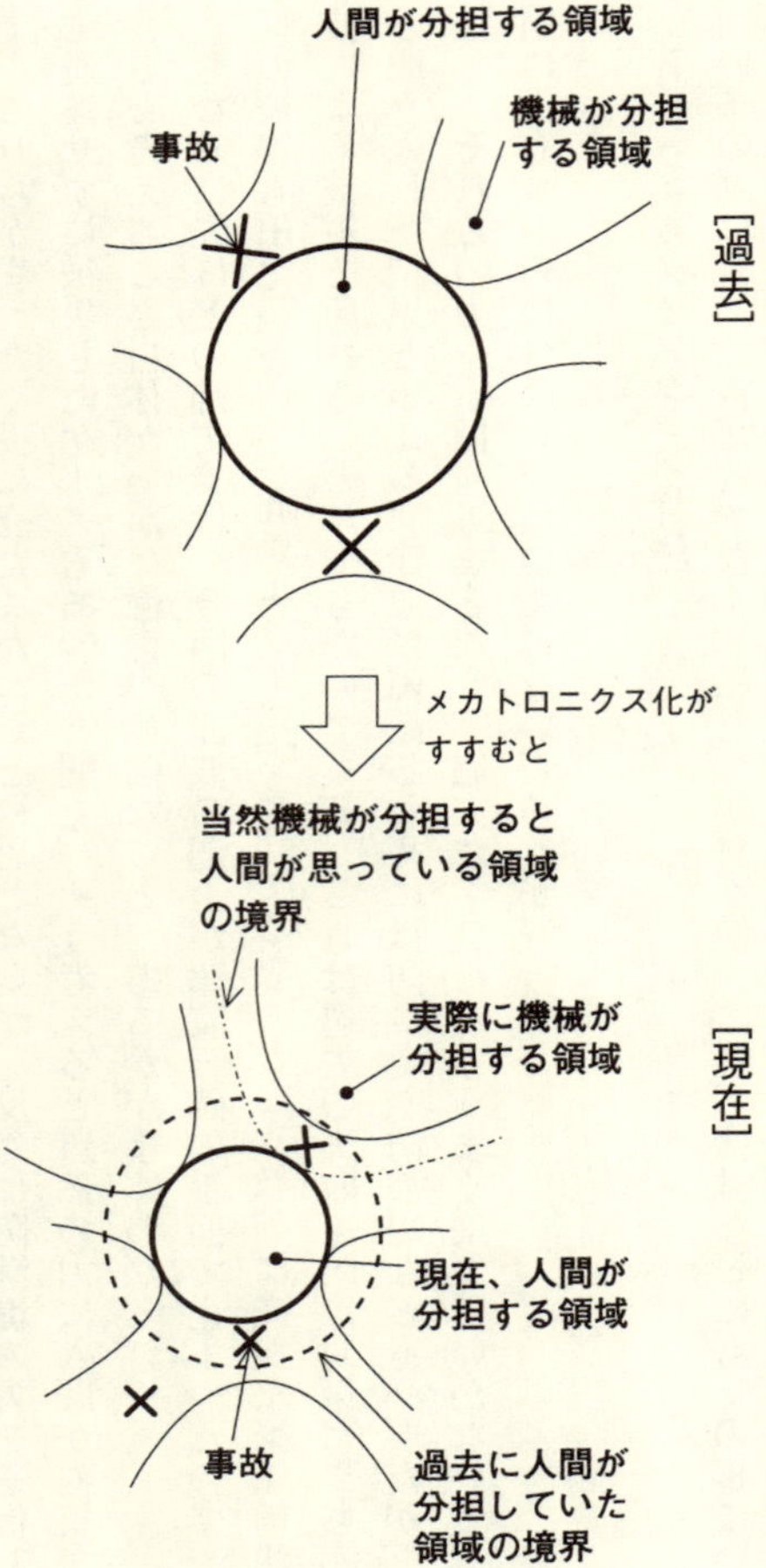

図1　人間と機械やシステムの分担領域の変化がもたらす事故（『危険不可視社会』講談社）

どんどん安全に使えるようになっている。しかしながら、安全になったがゆえに高まる危険というものもある。それが大きな事故やトラブルの原因になることがあるのが現実なのである。

原因は、状況が大きく変わる中で、人間と機械やシステムの分担領域が変化することにある。前ページの図1は、そのことを端的に示したものである。どんな機械やシステムでもそうだが、開発された当初は機械やシステムが担当する領域はあまり広くない。そのため最初は人間が注意をしながら使うが、この注意が及ばない場所で起こるのが初期のパターンの事故やトラブルである。

そのうちに技術が進むと、機械やシステムの分担領域が大きくなり、従来起こっていたような事故やトラブルは起こらなくなる。しかしながら、機械やシステムが進歩した分、人間の側のそれらへの依存度がますます高くなり、そのことが逆に危険を大きくするのが常である。この危険は、人間にとって便利になった分だけ、寺田のいうように事故やトラブルになったときに暴れるエネルギーが大きくなっている。なおかつ人間のほうは注意力が著しく下がり、「機械やシステムがやってくれるはず」と信じているから、こうした錯覚が生じたところで、従来は考えられなかった、信じられないほど大きな事故やトラブルが生じることがある。

安全になったがゆえに危険が高まるという考え方は、クイーンズ大学のジェラルド・J・S・ワイルド名誉教授が提唱している「リスク・ホメオスタシス理論」そのものである。リスク・ホメオスタシス理論は交通事故について述べた理論だが、エッセンスは寺田の考えとまったく同じである。

どんなに進歩した安全装置を自動車に装備しようと、どんなに道路を改良しようと、あるいはどんなに交通違反の取り締まりを強化しても「事故率は変わらない」というのがリスク・ホメオスタシス理論がいっていることである。技術の進歩によって、自動車はたいへん安全なものになったが、それなのにいまだに交通事故はなくならないし、極端に減っているということもない。それは安全対策がうまくいっていないということではなく、安全になったために生じる新たな危険による事故が増えるから、結果として「事故率は変わらない」ということである。

このような危険に対処するためには、安全になったがゆえに新しい危険が生じていることを理解しなければならない。そして、そのことにどう対処していくのかを検討することが求められている（リスク・ホメオスタシス理論については、立教大学心理学科の芳賀繁教授が翻訳した新曜社刊『交通事故はなぜなくならないか』に詳しく書かれている）。

「責任追及」と「原因究明」

本書の「災難雑考」の中には、事故調査のあり方についても述べられている。ここでは「多くの場合に、責任者に対するとがめ立て、それに対する責任者の一応の弁解、ないしは引責というだけでその問題が完全に落着したような気がして、いちばんたいせつな物的調査による後難の軽減という眼目が忘れられるのが通例のようである」と当時の事故調査のあり方の問題点が指摘されている。これはいまの時代にもそのまま通じる中身なので非常におもしろい。

ここで取り上げられているのは、まさしく「責任追及」と「原因究明」の問題である。一八九ページの図2は私が自分の著作物などでよく使っているもので、原因究明と責任追及の問題を端的に示したものである。この中身は寺田の問題意識とまったく同じである。

図2の中の左上ⓐにあるのは刑法学者の主張である。日本の法律では、被害者のいる事故については司法が原因を究明し、責任追及を行うことになっている。これは寺田の時代からまったく変わっていないようである。そして、この責任追及が抑止力になって、事故の再発防止が実現できるというのが刑法学者たちの考えである。

実際には、世の中の多くの人はそのように見ていない（図2の(b)）。司法は原因究明と責任追及の両方を行っていて、法廷の場で原因が明らかにされることで事故の再発防止の対策が進むと信じている。これは大きな誤解である。

現実の姿は、図2の左下(c)に示しているとおりである。司法の仕事はあくまで、犯人を捕まえて責任を追及することにある。司法が行っている原因究明というのはそのためのものなのだ。そもそも多くの人が期待しているような、究明した原因を事故の再発防止につなげる活動など一切行っていないのである。

現実の姿として示したこの仕組みは、明らかにいびつで弊害が多い。よく考えればだれでもすぐにわかることだが、責任追及と原因究明をセットで行うと、本当の原因を明らかにしにくいという問題がある。責任追及を受ける側にしてみると、原因究明の調査に協力することは、そのまま自分の首を絞めることになる。そのため責任を追及される立場にある人が取り調べのときに事実関係を意図的にちがえて話したり、自分にとって都合が悪い事実を隠したりするということも往々にして起こっている。

そもそも司法による原因究明には、裁判が行われないと中身が公《おおやけ》にならないという問題もある。被疑者が起訴されると、ふつうは責任追及のための裁判の中で司法が行った調査の中身は明らかにされる。とはいえ、このときに公開されるのは、あくま

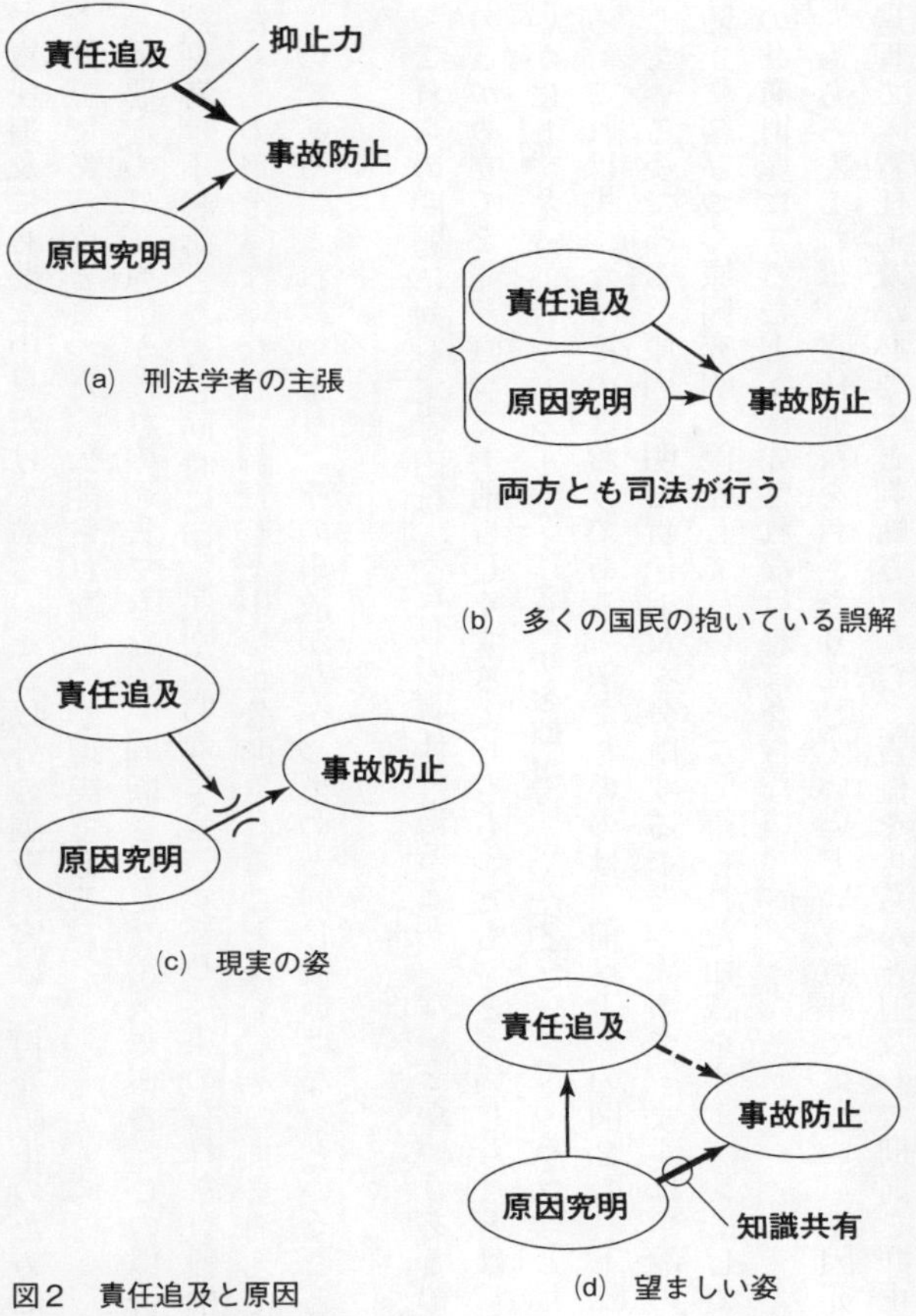

図２　責任追及と原因究明の関係（『危険不可視社会』講談社）

で責任追及に必要な中身だけである。それ以外の調査内容は、再発防止のために必要な知識であろうとまったく公開されないのが現実である。

最悪なのは、原因がだれの過失でもないと判断されたケースである。この場合は、被疑者は不起訴となると同時に、「原因究明のため」と称して集められた資料はまったく陽の目を見なくなる。調査した中身が公開されることなく、そのまま消えてしまうのである。これはつまり、その事故がなかったのと同じ扱いになるということである。

これらの問題に対して寺田は、「だれの責任であるとか、ないとかいうあとの祭りのとがめ立てを開き直って子細らしくするよりももっともっとだいじなことは、今後いかにしてそういう災難を少なくするかを慎重に攻究することであろう」としている。これはまったくそのとおりである。望ましいのは、前ページの図2の右下(d)に示している姿である。原因究明と責任追及を分離することが大事で、まずは事故の再発防止に結びつく原因究明を優先して行い、そこで得られた知識をオープンにして社会の共有財産にすることが優先されなければならない。

もちろんこれは、責任追及をおざなりにしていいという意味ではない。原因究明の過程で「責任追及が必要」と判断されたら、責任をきちんと追及して刑罰を抑止力にすることも当然やらなければならないだろう。要するに、従来とは優先順位を変えたほうがいいといっているのである。寺田もそのようなことを主張していたようだが、残念ながらいまに至るまで状況はまったく変わっていない。

「胸のすくほど愉快に思ったこと」

寺田は「胸のすくほど愉快に思ったこと」として、「災難雑考」の中で旅客飛行機白鳩号のことを書いている。これは原因究明が正しくなされて、なおかつそのことが飛行機の技術にきちんと活かされたことで後に同様の事故が繰り返し起こることが避けられた例として紹介されている。

目撃者がだれもいない空中事故の経過を推測しながら原因究明を行ったのは、寺田ではなく「Y教授」とある。その手法を「下手な探偵小説などの話の筋道よりは実にはるかにおもしろいものであった」と評しているが、これは確かに興味深い。

事故原因の調査に当たって、Y教授は保存されていた機体の破片をすべて取り寄せ、元の状態に組み立てたという。そして傷跡を丹念に検査して、機体がどのように壊れていったのかを推測したそうだが、ここで行われたのはまさしく飛行機事故という現象のモデルづくりそのものである。

このモデルづくりでは、おそらく私がいうところの「仮想演習」や「逆演算」などの見方も使われたものと思われる。仮想演習というのは、条件を変えたときに何が起こるかのシミュレーションを頭の中で想像しながら行う方法である。一方の逆演算は、時間軸をあえて逆にして、起こった結果から遡ってどの順番でどのようなことが起こったのかを考えるものの見方である。いずれもある事柄や現象のモデルづくりを正しく行うときには欠かせないものの見方である。

さらにY教授は、現品調査で見当をつけた考えが本当に正しいのか、いちいち実験をして確かめていったという。これは私が事故調査を行うときに可能なかぎり心がけている「再現実験」そのものである。事故のときと同じ条件で再現実験をしてみると、マイクロメカニズムやマクロメカニズム、さらにはそれに影響を与えている事柄も含む現象の全体像がつかみやすい。Y教授はこれらの実験を通じて、一人も目撃者がいない空中の事故の様子をありありと推測することができたというから、寺田以上に胸のすくほど愉快に思ったにちがいない。

私はこの事故のことをよく知らないが、寺田の文章から「疲労破壊」を原因とする事故であることがうかがえた。ワイヤーなどの張力を調節するターンバックルという装置の部分が飛行中に経年劣化で壊れ、それがきっかけで飛行機が空中で壊れて墜落したということらしい。事故機のこの部分には「銅線」が使われていたそうなので、おそらく原因は強度不足にあったと推測できる。

その後に同様の事故がなくなったようなので、Y教授の調査結果に学んで銅線よりも強度の強い鋼線に材料を変えた可能性がある。いずれにしても、原因究明がきちんとなされ、その結果が飛行機づくりに携わっている技術者たちに正しく伝えられたから、同様の事故の防止につながったということなのだろう。

「内部基準」を備える

この話はどちらかというと技術を扱う人たちに向けたものである。寺田は一方で、技術を使う立場の人たち、あるいは被災者になるかもしれない人たちに向けて、被害を軽減させるために必要なことを提言している。それは災害や避難に関する知識をきちんと学ぶことである。

むろんここで学ぶべきは表層的な知識ではない。「科学的常識というのは、何も、天王星の距離を暗記していたり、ヴィタミンの色々な種類を心得ていたりするだけではないだろうと思う。もう少し手近なところに活きて働くべき、判断の標準になるべきものでなければなるまい」とあるように（「流言蜚語」）、いざというときに使える知識を身につけることを勧めているのである。ここでいっているのは、自分の行動を自分で決めるときに欠かせない「内部基準」を備えろということである。これを「漠然たる概念でもよいから、一度確実に腹の底に落ちつけておけば、驚くには驚いても決して極度の狼狽から知らず知らず取り返しのつかぬ自殺的行動に突進するようなことはなくてすむ」と書いている（「火事教育」）。

このあたりはややわかりにくいと思うので、私なりに補足しておきたい。一般的な安全対策は「マニュアル主義」で行われているが、寺田が指摘しているのはこのやり方の危うさである。「このルートを通れば安全」として通るべきルートを示し、それ以外は一切通ることを許さないのがマニュアル主義の考え方である。このやり方でも安全は確保できるが、これには環境の変化などなにかの拍子にそのルートが使えなくなると、途端に無力になるというもろさがある。それはマニュアルを使う人が与えられたルート、つまり「外部基準」だけに頼っているからで、これでは変化が生じたときの新たな状況にまったく対応できず、なにもできない思考停止状態に陥ってしまう危険がある。

この状態で再び外からなんらかの指示が与えられると、それがおかしなことでもその人はなんの疑問も持たずにそのとおりの行動を始めてしまうこともある。これがまさしく自然災害などによって社会が混乱したときに、流言飛語に翻弄されたり振り回されたりしている人の状態である。想定外の問題が生じたときに自分の行動を決める内部基準がないから、外から入ってくるおかしな情報に簡単に振り回されてしまうのである。

このようなときに正しく行動できるようにするには、想定外の問題が起こったときの正しい行動の仕方を自分で決められる内部基準を自分の中に備えるしかない。そのためにはまず、どこのどの場所に危険があるかを正しく知ることが必要になる。自分が進んでいる場所のどこにどのような危険があるのか知り、なおかつ自分の目で危険を見つける訓練もしていれば、想定していない問題が起こったときでも柔軟に対処できる。それはマニュアルに示されていたのとは別の安全なルートを自力で探すことができるからである。

このルートは一つではないし、極端なことをいうと、考えた人の数だけ新しいルートができるかもしれない。いずれにしてもここで重要なのは、自力でこうした危険を避けるルートを見つけられるようになることである。寺田はそのような教育を学校で行うことで子どものときに身につけさせることを提言している。「火事教育」の中に「根本的対策としては小学校教育ならびに家庭教育において児童の感受性ゆたかなる頭脳に、鮮明なるしかも持続性ある印象として火災に関する最重要な心得の一般を固定させるよりほかに道はない」という一文があるが、この中の「火災」の部分は「災害」ないし「危険」という言葉にそのまま置き換えることができる。

柔軟な発想ができる子どものときに災害や危険に備えるための教育を行ったほうがいいというのは、私の考えとも一致している。ここで注意しなければいけないのは、子どもたちに教える中身は「安全教育」ではなく「危険教育」でなければならないという点である。「こうすれば安全になる」という危険回避の方法だけを教えるのではなく、どこにどのような危険があるかも教える必要があるという意味だ。これがないと想定外の問題に柔軟に対処するために必要な内部基準を自分の中につくることができないので、その点は要注意である。

福島第一原発の事故について思うこと

今回の東日本大震災でも、日本の社会が内部基準を持っていないことの弱さがあちこちで露呈しているように見える。風評に踊らされて必要のないものを買いだめしてみたり、その反対に放射能汚染を恐れてさほど危険性のない農産物や海産物まで敬遠している人々の姿はその典型である。また深刻な状態がいまなお続いている「福島第一原発」のケースにしてもそうである。この事故は、東京電力という会社が内部基準を持っていなかったことに起因しているように見える。

寺田は「『地震の現象』と『地震による災害』とは区別して考えなければならない。現象のほうは人間の力でどうにもならなくても『災害』のほうは注意次第でどんなにでも軽減されうる可能性がある」と書いているが（「災難雑考」）、福島第一原発の事故は、これとは反対に人間の力で被害を大きくしているケースであるといえる。事故のきっかけになった津波は、確かに避けることができない自然現象である。しかしながら、東京電力が事前の措置とその後の対処を誤らなければ、これほどまでに問題が大きくなることはなかったと思えるからである。

私はここで東京電力のことをことさら責める気はない。ただし、そこから多くの人が学ぶことができるように、失敗の中身はきちんと明らかにしておきたいと考えている。東京電力のそもそもの過ちは、外部基準のみに極端に頼ってきた姿勢にあるのだ。それは簡単にいうと、「国が示している基準にだけ従っていればいい」という態度で原発を運営していたから、ここまで問題が大きくなってしまったということである。

外部基準への極端な依存は、じつは福島第一原発だけの問題ではない。これは日本の原発すべてが抱えている共通の問題として見なければならない。背景には、日本全国で行われている原発反対運動という大きな縛りがある。どこもそうだが原発を運営する電力会社は反対派に対抗するために「原発は絶対に安全」という建前を貫き、その根拠を国の基準に求めて、これを盾にするようなことをしてきた。外部基準に極端に依存する電力会社の姿勢は、このようないびつな運営を強いられてきたことにそもその原因があるのかもしれないが、だからといって電力会社の過ちが許されるということではない。

技術論でいうと、原子力はかなり安全なものになってはいるが、基本的な視点が欠けているように見える。それは安全の実現手段は、基本的に「制御安全」に依存し、「本質安全」の考えを取り入れられていない点である。失敗やトラブルが起こったとき、自動的に安全の側に働くような仕組みをつくらず、制御技術によってコントロールしようとしていたのである。制御安全のみに頼る方法は、想定外の問題が起こったときには非常にもろいが、このような基本的な問題があるのに、建前としての安全を真実安全だとして議論をしていたことが問題なのである。

私は「原発は絶対に安全」というのは、単なる建前だと思っていた。しかし原子力を運用する組織が本気でこれを前提に動いていたら、これほど危険なことはない。実際、東京電力の場合はそのような姿勢で動いていたように見えるが、それが福島第一原発の深刻な事故に結びついたとすると当然の成り行きとしかいいようがない。

安全対策というのは、危ないことを前提に動いているから効果のあるものになる。安全であることが前提になると、管理が形式的なものになって意味をなさなくなってしまうのだ。それでも国から与えられた外部基準、すなわちマニュアルがあればなんとかなると思うかもしれないが、マニュアルは想定している条件の中でのみ力を発揮する。今回のような想定外の問題が生じたときには非常に無力なのである。

想定外の問題が起こったときに正しく対処を行うには、進むべき道を自分で考えるための内部基準が必要になる。ところが、東京電力の場合は、この内部基準づくりをまったく行っていなかったように私には見えてならない。内部基準がない場合、想定外の問題が起こるとたいていは思考停止状態に陥る。福島第一原発では、すべての電源が喪失するという想定外の問題が生じたとき、だれもなにも手を打たず、専門知識のある者なら当然予想できたはずの水素爆発が起こるのを許してしまった。そう考えると、この事故は想定外の問題に対処できるための内部基準を備えることを怠った「組織不良」によるものであるのはまちがいないのである。

内部基準を備えることとは、安全対策の強化にそのままつながる。これを使って仮想演習や逆演算などの見方で起こりうることのシミュレーションを行えば、じつは起こさせたくない最悪の出来事を回避するのはそれほど難しくない。東京電力が日頃からやらなければならなかったのは、「悪意の鬼」になったつもりで原発に深刻な被害を与えるシミュレーションを行うことだったのである。

かつて十万人以上の死者を出した一九四五年三月十日の東京大空襲は、米軍が江戸時代の大火や関東大震災による大火に学んであえて風の強い日を選んで空襲を行った結果とされているが、原発をあらゆることから守るにはこのような発想でシミュレーションを行うことも必要だったのである。そして考えられる最悪の事態を想定し尽くし、同時にそれを回避するための方法を検討していれば、深刻な事態になる前に様々な手を打てるし、組織としてあれほどまでの大きなダメージを受けることも防げただろう。

災難を成長の糧にする

もちろんこれは、口でいうほど簡単なことではない。それはすでに述べたような、様々な人間の法則が邪魔をすることが往々にしてあるからだ。寺田がいうように、「人間の動きを人間の力でとめたりそらしたりするのは天体の運行を勝手にしようとするよりもいっそう難儀なこと」なのである（「災難雑考」）。

福島第一原発の事故にしても、そもそもの原因は「津波の想定のまずさ」にあったのは明らかである。つまりは運営上のミスということだが、これをもたらしたのも人間の困った法則であるのはまちがいない。

治山や治水、砂防などに携わっている土木技術者の間では、「既往最大」といって過去に認められている実際に起こった災害を想定して対策を行うのが暗黙の常識になっている。この考え方に基づいて津波対策を行うとすると、福島第一原発で想定されていた「五メートル」というのはあまりに低すぎる。千年以上前とはいえ、先ほど名前をあげた貞観地震のときには、今回と規模も被災地域もほぼ同じ大津波がやってきたという研究報告がある。既往最大という考え方で津波対策を行うとすると、当然のことながら貞観津波のことは数のうちに入れなければいけないし、実際にそのようにしていれば大津波に襲われた福島第一原発の状況がここまで悪化することはなかっただろう。

じつは福島第一原発で想定している津波が「低すぎるのではないか」という指摘は、かなり以前からあった。貞観地震の研究者が根拠を示しつつ、東京電力や国に対して危険性を伝えていたのである。この忠告が無視されたのは、人間の法則のなせる業である。無視した人たちに特別な悪意があったとは思えないが、「見たくないものは見ない」「考えたくないものは考えない」から、忠告を聞いても心が強く動かされることはなく、結果として黙殺してしまったということなのだろう。

こうした人間の困った法則は、いま進められている復興活動に際しても大きな障害になりかねないという心配がある。さすがにいまは被災した直後なので、津波で壊滅的な被害を受けた場所に再び住居を建てるような雰囲気はない。伝わってくる復興計画にしても、人々が住む家は大津波がやってきても安全が確保できる高台に建て、海の近くの危険な場所はいざというときの避難場所にもなる強固なつくりの商工業施設のようなものしか建てないようにするという、いかにも合理的な案が多いようである。

しかしながら十年、二十年と経ち、人々の被災の記憶がだんだんと薄れていく中で、本当に地域の運営をそのような方向のまま維持していくことができるのか、大いに心配である。

いまあげた問題は、かつての大津波の後にも現実に起こっている。被災直後は津波におびえてだれも海の近くに家を建てなかったのに、被災の記憶が薄れると人々は必ず海の近くに徐々に戻っているのである。これは人間の忘れっぽさに起因するが、被災の記憶が薄れたところで、海の近くに住むことのリスクまでが軽減されるということはあり得ない。目先の心地よさを追い求めるようになると、平気でリスクを無視するのが人間だが、今回もまた同様の過ちが繰り返されないか心配である。寺田が生きていたら、おそらく同じように考えるのではないだろうか。

裏を返せば、これら人間の法則をきちんと見極めて手を打てば、災害時やその後の対応をうまく行うことで被害を最小限に抑えることができるともいえる。寺田は「虐待は繁盛のホルモン、災難は生命の醸母であるとすれば、地震も結構、台風も歓迎、戦争も悪疫も礼賛に値するのかもしれない。〔中略〕日本人を日本人にしたのは実は学校でも文部省でもなくて、神代から今日まで根気よく続けられて来たこの災難教育であったかもしれない」と書いているが（「災難雑考」）、この考え方はたいへん重要である。

災難であれ失敗であれ、だれにとっても辛い嫌なものだが、これらは使いようによって人間を成長させる糧にすることもできる。地震や津波、台風などの自然災害は、人間が望もうと望むまいと勝手にやってくる自然現象である。自然災害による試練は、人間がこの地球に存在するかぎり避けては通れない宿命のようなものなのである。そうであるなら、寺田のいうようにむしろこれらと前向きに付き合うようにして、そこから多くの知恵を授かるようにしたほうがいいだろう。それが賢い生き方というものである。

二〇一一年五月

解説者略歴

畑村洋太郎（はたむら・ようたろう）

1941年生まれ。東京大学工学部機械工学科修士課程修了。東京大学大学院工学系研究科教授，工学院大学グローバルエンジニアリング学部特別専任教授を歴任。東京大学名誉教授。工学博士。専門は失敗学，創造的設計論，知能化加工学，ナノ・マイクロ加工学。2001年より畑村創造工学研究所を主宰。2002年にＮＰＯ法人「失敗学会」，2007年に「危険学プロジェクト」を立ち上げた。

著書に『危険不可視社会』『失敗学のすすめ』『創造学のすすめ』『危険学のすすめ』『みる　わかる　伝える』『畑村式「わかる」技術』『回復力』（以上，講談社），『直観でわかる数学』『技術の創造と設計』『数に強くなる』（以上，岩波書店）などがある。


本書は『寺田寅彦全集』『寺田寅彦随筆集』（岩波書店）を底本に、物理学者で随筆家でもある寺田寅彦の発表したもののなかから、災害に関連するものを集め、再構成したものです。

本作品中には、身体的・精神的資質、職業、地域、階層、民族などに関する不適切な表現が見られます。しかし、作者が故人であることと、作品の時代背景を鑑み、基本的に底本のままとしました。ただし、一部の差別表現については、若干の修正を加えました。

また、編集部で最低限の注記（〔　〕で示す）、適宜、改行と区切り（＊で示す）ならびにルビを追加しました。

寺田寅彦（てらだ　とらひこ）

1878年～1935年。東京帝国大理科大学実験物理学科卒業。理学博士。東京帝国大理科大学教授。帝国学士院会員などを歴任。地球物理学者，随筆家。身近な現象について科学的に考察する「寺田物理学」でも知られる。著書に，『地球物理学』『万華鏡』『蒸発皿』『物質と言葉』『柿の種』など多数。『寺田寅彦全集』『寺田寅彦随筆集』も刊行されている。

講談社学術文庫

定価はカバーに表示してあります。

天災《てんさい》と国防《こくぼう》

寺田《てらだ》寅彦《とらひこ》

2011年６月９日　第１刷発行
2024年６月24日　第14刷発行

発行者　森田浩章
発行所　株式会社講談社
　東京都文京区音羽 2-12-21 〒112-8001
　電話　編集（03）5395-3512
　　　　販売（03）5395-5817
　　　　業務（03）5395-3615
装　幀　蟹江征治
印　刷　株式会社ＫＰＳプロダクツ
製　本　株式会社国宝社
本文データ制作　講談社デジタル製作

ISBN978-4-06-292057-5

「講談社学術文庫」の刊行に当たって

これは、学術をポケットに入れることをモットーとして生まれた文庫である。学術は少年の心を養い、成年の心を満たす。その学術がポケットにはいる形で、万人のものになることは、生涯教育をうたう現代の理想である。

こうした考え方は、学術を巨大な城のように見る世間の常識に反するかもしれない。また、一部の人たちからは、学術の権威をおとすものと非難されるかもしれない。しかし、それはいずれも学術の新しい在り方を解しないものといわざるをえない。

学術は、まず魔術への挑戦から始まった。やがて、いわゆる常識をつぎつぎに改めていった。学術の権威は、幾百年、幾千年にわたる、苦しい戦いの成果である。こうしてきずきあげられた城が、一見して近づきがたいものにうつるのは、そのためである。しかし、学術の権威を、その形の上だけで判断してはならない。その生成のあとをかえりみれば、その根は常に人々の生活の中にあった。学術が大きな力たりうるのはそのためであって、生活をはなれた学術は、どこにもない。

開かれた社会といわれる現代にとって、これはまったく自明である。生活と学術との間に、もし距離があるとすれば、何をおいてもこれを埋めねばならない。もしこの距離が形の上の迷信からきているとすれば、その迷信をうち破らねばならぬ。

学術文庫は、内外の迷信を打破し、学術のために新しい天地をひらく意図をもって生まれた。文庫という小さい形と、学術という壮大な城とが、完全に両立するためには、なおいくらかの時を必要とするであろう。しかし、学術をポケットにした社会が、人間の生活にとってより豊かな社会であることは、たしかである。そうした社会の実現のために、文庫の世界に新しいジャンルを加えることができれば幸いである。

一九七六年六月

野間省一